亲历中国丛书 | 李国庆　主编

帝国丽影

英国画家笔下的晚清

[英] 利德尔 ——————— 著 / 绘

陆瑾　欧阳少春　李国庆　译

九州出版社　全国百佳图书出版单位

图书在版编目（CIP）数据

帝国丽影：英国画家笔下的晚清／（英）托马斯·霍奇森·利德尔著绘；陆瑾，欧阳少春，李国庆译. -- 北京：九州出版社，2024.5
（亲历中国丛书／李国庆主编）
ISBN 978-7-5225-2924-0

Ⅰ．①帝… Ⅱ．①托… ②陆… ③欧… ④李… Ⅲ．①中国—游记 Ⅳ．①K928.9

中国国家版本馆CIP数据核字(2024)第098666号

帝国丽影：英国画家笔下的晚清

作　　者	［英］托马斯·霍奇森·利德尔
译　　者	陆　瑾　欧阳少春　李国庆
策　　划	李黎明
责任编辑	张艳玲
出版发行	九州出版社
地　　址	北京市西城区阜外大街甲35号（100037）
发行电话	（010）68992190/3/5/6
网　　址	www.jiuzhoupress.com
印　　刷	北京捷迅佳彩印刷有限公司
开　　本	880毫米×1230毫米　32开
印　　张	7.25
字　　数	130千字
版　　次	2024年9月第1版
印　　次	2024年9月第1次印刷
书　　号	ISBN 978-7-5225-2924-0
定　　价	68.00元

★版权所有　侵权必究★

CHINA

ITS MARVEL AND MYSTERY

BY

T. HODGSON LIDDELL, R. B. A.

WITH 40 ILLUSTRATIONS IN COLOUR

BY THE AUTHOR

总　序

《亲历中国丛书》的策划始于 2002 年，那时国家图书馆出版社还叫北京图书馆出版社，时任社长郭又陵先生来我校访问，我带他浏览了本馆所藏的大批与中国有关的西文旧籍。其时自改革开放后兴起的又一次"西学东渐"热潮正盛，域外汉学和中国学的经典作品在被有系统、成体系地引进。我们觉得，东西方文化的接触和交流，离不开旅行家、探险家、传教士以及后来的外交、商务人士和学者。这些来华外国人的亲历纪实性著作，虽然不是域外汉学的主流，也是与汉学和中国学紧密相关的材料，值得翻译出版。郭社长回去后邀请中国中外关系史学会会长耿昇先生担任共同主编，获得首肯。耿先生并为丛书作序，确立宗旨如下："《亲历中国丛书》只收入来华外国人的亲历纪实性著作，包括探险记、笔记、考察报告、出使报告、书简等。内容力求客观、公允、真实，并兼顾其科学性和可读性。在允许的范围内，力求满足中国学术界的需要，填补空白和弥补不足之处。"也就是说，集中从一个方面配合方兴未艾的对西方汉学（中国学）的研究，提供国内难得一见的资料。

经过2年的运作，第一批2种译作于2004年面世，反响颇佳。至2010年，《丛书》出满10种，耿昇先生退出，改由郭又陵社长共同主编，笔者写了新序，装帧也更新了。接下来的6年又出版了10种，郭社长荣休，出版社领导更替，此后只履约出版了3种签了合同的书稿，《丛书》的出版于2019年告一段落。

回顾历程，必须感谢郭又陵社长作为出版家的远大眼光和胸襟。这部丛书的经济效益或许并没那么好，社会影响却出乎意料的好。《丛书》中的《一个传教士眼中的晚清社会》获2012年度引进版社科类优秀图书奖，《古老的农夫 不朽的智慧——中国、朝鲜和日本的可持续农业考察记》被评为第十三届引进版社科类优秀图书，于2002年正式启动的国家清史纂修工程曾有意把它纳入，因技术原因未果。学界热烈欢迎这类域外资料，从中发现不少有用的材料。比如《我看乾隆盛世》，书名几成口号，内容被多种著作引用。即便是民间，该书也引起一些有趣的反响。比如《我的北京花园》中立德夫人客居的到底是哪个王公的园子，一批网友曾热烈地探讨过。其作为史料的意义，更是突破了最初设想的汉学范畴，日益彰显丰富。简而言之，因为《丛书》所选的西文旧籍都是公版书，当初截止于晚清，目前已扩展至民初，差不多涵盖整个近代。

近代史料的形式多种多样，过去相当一段时期，学界对与政治史相关的档案文献关注较多，其他，尤其是与当时中国的地方政治、经济、社会、文化、人物等相关的记载被相对忽略。本丛书所收集的纪实性著作的作者包括政府官员、军人、商人、传教士、学者、旅行家等。他们游历经验丰富，受过良好教育，在中国的时间少则半年，多则几十年，其中许多人还对中国社会的发展产生过重要的影响。他们对在中国的所历、所见、所闻做了细致深入的观察和记录。因为记录者是外来人，从而对中国人习以为常的事物天然地怀着某种好奇，对中国人无意识或不屑记录的内容的转述，到今天恰恰成为极为珍贵难得的史料。又因为近代中国天翻地覆的变化，当年各地的山川风物和社会百态多已烟消云散，却被凝固在这些西方人的著述当中了，就像琥珀中的昆虫，历尽岁月，依然栩栩如生。它们不但是研究中外关系、中外文化的互动等方面的极其重要的第一手资料，还是研究中国近代社会生活史方面的重要资料，正可以补上述之阙。换言之，这类旧籍有如一个包罗万象的宝库，不但人文社会科学的不同学科都有可能从中发掘出有用的材料，一般读者也可把他们当作 Citywalk 的指南，据以追怀各地的当年风貌，得到有趣的阅读体验。

我们还要再次强调，整理、翻译、出版这一系列丛书的目的，是为了保留历史资料，因而尽量少做删节，也不在文中横加评论。但是这些书的原作者，都来自 100 多年前，那样的时代，身份各异，立场多样，有些人免不了带有种族优越、文化优越和宗教优越的心态，行文当中就表现出对当时的中国、中国人、其他宗教、其他文化等的歧视。也许还有个别人是怀着对中国进行宗教侵略、思想控制、殖民控制等目的来到中国的。希望读者在阅读这些文字时，既有海纳百川的胸怀，也有清醒的认识；既要尊重他人的善意旁观，也要站稳自己的立场；对一些恶意的观点，坚持批判的态度。

因此，同样非常感谢九州出版社同仁的眼光和胸襟，愿意接过这套丛书继续出版。我们的计划是一边先再版早期的反响良好的译作，一边逐步翻译新书。再版的译文都请原译者修订一过，唯当初的翻译说明或序言之类一仍其旧，以存历史，特此说明。

李国庆
2023 年岁末于哥伦布市细叶巷

译　序

本书作者托马斯·霍奇森·利德尔（Thomas Hodgson Liddell），1860年生于英国爱丁堡，并于当地皇家高中（Royal High School）学习绘画艺术。他擅长油画和水彩风景，作品自1887年起就在伦敦著名的英国皇家艺术学会（Royal Society of British Artists）、皇家学院（Royal Academy）等场所展出。他是英国皇家艺术学会会员，一生主要生活在伦敦，1925年去世。要不是来过一趟中国，他也会和许多维多利亚时代的画家一样，从后人的记忆中消失。现有的少数正式传记资料主要记载的就是他1907年远游中国的绘画之旅，以及1909年作为此行的成果在英国艺术学会（Fine Art Society）所举办的画展和出版的本书。他的作品近年出现在拍卖市场上的有《从九龙眺望香港》（1998）、《北京喇嘛庙》（2003）、《珠江渔舟》（2005）等，售价在300—500英镑之间。在中国，目前只看到北京大学沈弘教授所编的《晚清映像——西方人眼中的近代中国》（中国社会科学出版社，2005）一书提到有"英国画家李通和"这个人。

利德尔这个名字是按现在的惯例音译的。本书所附中国护照上他的名字是李德尔，音意共用，中英合璧；英文原著封面上则是李通和，完全中式，用意良好；内封上还有一方中式印章，是"李岱洛"，也是完全中式的，既谐音又紧扣他对中华山水的热爱，可谓妙语天成。想必他对这最后一个名字也是十分欣赏的，所以在描绘中国风景的水彩画上除英文签名外，也都钤有这方印章。

现有的传记资料没有提到的是（作者自己在前言里也没有、在文中也只隐隐约约地透露），他家跟中国的关系其实很深。他的哥哥黎德尔（Charles Oswald Liddell, 1854—?）1890年前后就来华，首先开办的平和洋行（Liddell Bros. & Co. Ltd）是英商上海"十大企业"之一，除做中英贸易外并有中国玻璃公司，后又有哈尔滨平和洋行（胶合板厂）、天津经营皮毛、棉花的平和洋行和武汉的分行等。抗日战争期间，他们一家人被关过日本人的集中营。中华人民共和国成立后，他们家族在内地的产业于1953年交公，全家移居香港。据黎德尔家族的后人说，本书作者无意参与家族的商业活动，更愿意做一个画家，似乎跟当年中国的士大夫心意相通。

利德尔于1907年来华，怀着一个艺术家的神圣使命，即他在本书的前言中说的，以写实手法描绘这个伟大帝国的自然与人文风光画面，使欧洲人不仅对这个国家和人民，而且对其文明及民众高雅的艺术品位，都有更高的评价。他也是带着对中国的巨大敬意与好感回国的。作为此行的成果，本书（书名直译的话是《中国：她的奇迹和神话》）记录了他在中国从香港到山海关旅行写生的经历，画面和文字里洋溢着他对中华山水的热爱和对中国文明的尊重，可以证明他所言不虚。可是，他说"我还从来没听说过有人有意制作系列的图画，来展示我们欧洲人熟知或感兴趣的中国"则与事实不符。

即便不说荷兰人尼霍夫（Johannes Nieuof, 1618—1672）、法国人博絮埃（Auguste Borget）分别于1665年和1842就出版了他们的中国游记和画册，利德尔的同胞，威廉·亚历山大（William Alexander, 1767—1816），也于1793年随历史性的英国马戛尔尼使团访华后，带回去大量的画稿，随后出版了多种系列画册。1843年，利德尔的又一个同胞，托马斯·阿罗姆（Thomas Allom, 1804—1872），又出版了大型画册《中国：那个古代帝国的风景、建筑和社会风俗》，尽管他本人没来中国，那是根据他人的作品再创作的。

这并不是说利德尔就不再是"一个艰难的先行者的角色"了。我们应当知道，在鸦片战争之前，清廷是不许外国人游历内地的；五口通商之后的一段时期内，禁令仍然有效。利德尔不但游历了五口之外的许多地方，而且得到慈禧太后恩准进入颐和园作画。同时我们也应当感谢他严谨的写实主义。对比上述其他画作多多少少都有的变形，不管是美化还是丑化，利德尔给我们留下的却是最接近原貌的百年前的中国形象。百年中国，沧海桑田。利德尔的书和画给我们提供了生动的抚今追昔的凭借，华洋通和的坐标。仅此一点，我们就应当记住这个英国画家李通和。

最后说明一下，本书第一至第十五章是陆瑾博士所译，第十六至第二十七章是欧阳少春先生所译，最后由我审订统稿。他们的译文准确、优美、流畅，我做的主要是历史人物、事件、地理等专有名词的考索。所以如果读者享受到阅读的快乐，那是他们的功劳。如果发现专有名词有误——由于当时拼音方式的混乱和不同方言的干扰，本人又才疏学浅，实在不敢说都准确无误地一一还原了——请垂教于在下。

李国庆

2005 年 10 月 31 日

目 录

描绘中国：画家的使命 / 001

第一章　香港 / 005
　　初到香港印象

第二章　新旧九龙 / 012
　　第一次作画

第三章　澳门 / 017
　　葡萄牙旧殖民地和贾梅士的暂居之地

第四章　广州—珠江 / 022
　　初到广州——广州城——珠江——当铺——船民——街景及逛街

第五章　从城墙看广州 / 030
　　陵园——英国领事馆——广州的水及小镇上的第一次写生

第六章　上海 / 035
　　到达吴淞——沿江而上——外滩——南京路——冒气泡的井——赫德爵士离开中国

第七章　上海老城　/　042

城门与街道——新马路——老茶楼和它的传说——布头庙——绘画的困难——我的坐轿——警察的干扰——"你得有执照"——获得批准——我在中国商店和老茶楼前作画

第八章　上海（续）　/　051

驾车去龙华——寺庙——坟头喝茶——埋葬的陋习——鸦片——公开焚烧鸦片馆的烟具——戴枷的囚徒——一场冰雹

第九章　苏州与太湖　/　056

游艇——管家——沪宁铁路——在船上——好奇的村民——我对中国水路的初次印象——水车——穿过一个村庄

第十章　杭州　/　066

乘船去平湖、杭州等地——画平湖孔庙——买瓷器——神龟——贞节牌坊——朋友欲照相——去嘉兴——留声机

第十一章　杭州租界　/　072

到达杭州租界——蚊子——西湖——堤岸——小岛——灵隐寺——箫石

第十二章　杭州城　/　077

北门——梅医生的医疗团和他的宝塔——山中骑马——买古董石狮——苦力的骚动——我的银币被偷了——夜——萤火虫甲壳虫与青蛙——画水牛

第十三章　告别杭州　/　084

友人告别——银行支票——扇铺——在城门画画——船工打人——路上的棺材——酷热——杭州城之夜——失火——告别杭州——大运河上——回上海

第十四章　日本　/　092

假期——与中国比较

第十五章　北戴河　/　99

从日本返回——仆人的外衣——北行——威海卫——旅顺——秦皇岛——伞——到达北戴河——马车——驴——马鞍和缰绳——"调味瓶"——洗澡——1900年事件的标志——打暗枪——巨柳——村里的铁匠——暴雨和水灾——石头庙——郊区

第十六章　山海关　/　110

第一次目睹长城——日本军队摧残文物的行为——恶劣气候——洪水——铁路桥被冲走——旅馆里挤满了等候火车的旅客——骑驴上长城——长城的传说

第十七章　天津　/　120

离开山海关——到达天津——外国租界——白河——中式晚宴

第十八章　北京　/　126

晚上抵达——乘黄包车——拜访公使馆——申请赴热河的许可去那里的行官中绘画——从内城墙看北京的粗略印象——皇宫景观——公使馆四合院——哈德门大街

第十九章　游北海　/　136

乘车去北海城门——蒙受接待——中国皇宫——建筑与装饰——青铜器皿——白色大理石灯笼——莲湖泛舟——皇帝的软禁室——九龙壁——白塔一瞥——御花园

第二十章　天坛　/　142

失望——不许去热河行官绘画——天坛——进入天坛庭院——祈年殿——皇帝的斋宫——祭坛

第二十一章　雍和宫　/　151

　　描述——吵闹之屋——喇嘛弟子——一人的骚扰——与众和尚的友谊——露天礼拜——和尚的念珠——一堂绘画透视课——大佛——喇嘛的服饰

第二十二章　孔庙与国子监　/　158

　　石鼓——圣梯——国子监——琉璃牌坊——黄寺

第二十三章　十三陵与南口　/　164

　　旅行——舒适的旅店——骑驴去十三陵——第一牌楼——"圣墙"旁的巨石——毁坏的桥梁——大殿——陵寝——繁忙的交通——通往蒙古地区的门户

第二十四章　远观颐和园　/　177

　　未驯之马——五塔寺——路面交通——玉泉——白塔——鼓楼看北京——警察管制

第二十五章　获得敕令　/　185

第二十六章　颐和园　/　189

　　款待——住处和随从——首次周游颐和园——总体印象——昆明湖——佛香阁——智慧海——铜亭——大牌楼——石舫——铜牛——绘画时的随从队列——奇寒

第二十七章　返回北京　/　205

　　皇帝和慈禧太后之死——令人焦虑的时刻——再见

图片目录

香港花市 / 006

香港晚炊 / 010

从九龙眺望香港 / 014

澳门街景 / 018

珠江渔舟 / 024

广东船民 / 026

广州一景 / 028

上海新马路 / 036

湖心亭茶楼 / 046

上海城墙边的布头庙（城隍庙）/ 048

龙华寺 / 054

太湖光福 / 058

光福石桥 / 060

苏州木渎 / 062

鸬鹚渔船 / 064

平湖城墙、寺庙和水门 / 068

平湖贞节牌坊 / 070

杭州西湖断桥 / 074

文澜阁牌楼　/　076

水牛耙田　/　078

杭州北门　/　086

西湖莲岛　/　088

北戴河石头庙　/　102

山海关长城　/　112

山海关道路　/　116

山海关客栈　/　118

天津　/　122

护照　/　138

北京天坛斋宫　/　144

北京天坛祭台　/　146

北京喇嘛庙　/　154

国子监琉璃牌坊　/　160

北京黄寺　/　162

长城南口关　/　166

鼓楼看北京：左为煤山，山脚为紫禁城城门，右为北海白塔　/　170

北京喇嘛庙　/　172

钟楼　/　180

影印的照会：旨准英画师进颐和园绘图　/　186

颐和园石舫　/　190

颐和园万寿山佛香阁　/　192

颐和园"云辉玉宇"大牌楼　/　194

颐和园乐寿堂，原慈禧太后的寝宫　/　200

描绘中国：画家的使命

中国之名如雷贯耳，我对她向往已久。我这次的中国之旅纯是为了作画，并以本书来努力传达我作为画家对她的印象。偶尔听说，常住或访问中国之人曾作过一些素描，我也亲眼见了一些。但是我还从来没听说过有人有意制作系列的图画，来展示我们欧洲人熟知或感兴趣的中国；如果不能是全部，至少也是部分的中国吧。

在一定程度上可以说，我所描绘的仅仅是那些较为著名的地区。这是因为那些不太知名的地区虽然同样秀美，目前还不足以引起公众的兴趣。再者我预先就充分意识到，在中国作画困难重重，即使是在我到过的这些地区。事后证明那确实不是多虑。

中国人有极高的艺术天赋，但是在大多数我工作过的地区，他们还都从未见过在室外写生的人。如果一个中国人，穿着他们民族特有的服饰，在我们的大街上支个画架画画，会招来多少人围观啊。只需这样一想，你就能多少理解我所经历的场面了。我得要应付和讨好大群好奇的当地人，有时则须说服官员允许我作画。在我看来，他们总是认为来画画的外国人一定心怀叵测，画的不是地图就是什么计划图。

拒绝和排斥是我所经历过的重重困难之一，不让我入颐和园作画只是最强烈的一次。我以极大的耐心、坚持不懈的精神，花了很长时间来说服那些学富五车、位极人臣的高官，甚至恳请慈禧太后，才终于获得恩准。获准之后我就出了名（还有，恕我自吹，为人所喜爱），这些官员也就相应地优待有加了，而我这方面的困难也被尽可能地减少了。

其次是与气候抗争，那也并非易事。我得在严寒与酷暑中工作，有时湿热难当，有时又干燥无比，仅是保证画纸与颜料能正常使用就够让人头疼的了。

按旅程的先后，我游历并描绘的地方主要是南方的香港、广州、澳门及其周围地区。上海是另一个中心，从那儿出发，我游访了苏州、太湖（意即大湖）地区、平湖、嘉兴，还有杭州及著名的西湖。在北方，我去了北戴河、山海关、天津，最后是北京及其举世闻名的宫殿和庙宇。

中国的幅员是如此辽阔，到处是胜迹美景，一位艺术家也许用功多年也只能撷采到各地的一点精华。我此行历时仅一年，因此只能量力而行，把许多值得描绘并向世人展示的美景，留待将来可能的重访之时再画了。我敢说，如果能看到更多以写实手法描绘的这个伟大帝国的自然与人文风光画面,欧洲人不仅对这个国家,而且对其文明及民众高雅的艺术品位,都会有更高的评价。

相信本书的出版会让人们认识到,我在这方面充当的是一个艰难的先行者的角色,多少消除了一些对中国人的疑虑,并且是带着对他们的巨大敬意与好感回国的。

我的日本之行是一段酷热苦干之后的假期,所以很短暂,但我还是情不自禁地在艺术方面对这两个国家作了比较,并偏好中国(当然是我的一孔之见)。随着旅行设施的完善,中国一定会成为至少是富人的旅游度假胜地。

我的中国之旅得以成行,归功于在国内与在中国的朋友们的帮助和建议。借此机会,我谨向他们表示诚挚的谢意。还要感谢我在香港、广州、上海和天津的东道主的盛情款待,感谢英国驻北京公使馆的公使与职员们,以及我在中国的许多朋友的帮助。最后,同样要感谢那些给了我很大帮助、对我描绘他们国家美景的努力极为赞赏的中国绅士们。

在本书的创作过程中,我亏欠爱妻甚多,她对我的帮助是无可比拟的。

托马斯·霍奇森·利德尔

第一章　香港

初到香港印象

　　香港真是世界上最美丽的城市！宏伟的太平山从万顷碧波中拔海而起，绰约的身姿在轻纱般飘浮的云霭中若隐若现，山脚下依偎着维多利亚市区，簇拥着来自万国的船只，从高大的战舰和豪华的客轮，到以席作帆的中国式帆船和小舢板。一个多么奇妙的地方啊！

　　暮色将至，华人居住区冒出的炊烟自山边冉冉升起。这朦胧柔和的炊烟在一片静谧中徐徐游动，带着些神秘的气息。此时脑海中出现的，不仅是中国寻常人家做饭的情景，还有焚香和默祷这些我们西方人只略知一二的仪式。

　　在晴朗的清晨登上山顶，举目四望，众多赤色、灰色的石岛点缀在波光粼粼帆影片片的水面上。远处海面上许是一艘驶向家乡的客轮，满载着旅客、货物和给家中亲友捎去消

香港花市

息的邮件。如在夜晚，从这里俯瞰灯火辉煌的市区和远处繁忙的九龙港，脚下飞舞着无数萤火虫，头顶是一轮明月和璀璨的星河。这是我能想见的最醉人又不可思议的美景了。

仅看到香港的这一面，谁会猜到这里也是遭 1908 年或更早几年的台风猛烈袭击过的地点呢？屋顶被掀，房屋倾毁，巨船上岸，帆船被吹得无影无踪，许多舢板丢失，很多人的生命也随之而去。这就是变化多端而又神秘美丽的大自然——时而残暴阴郁，时而又愉悦欢快。

香港岛与内地由一道宽窄不等的海峡相隔，最宽处的尖沙咀有 1 英里，最窄处的鲤鱼门仅四分之一英里。香港城（更确切地说是维多利亚城）建于岛上。该岛于 1841 年被租借给英国。岛的形状极不规则，长约 10 英里，宽约 2 至 5 英里，最高处达近 2000 英尺。地质构成主要是花岗岩，北部山丘不生草木。但在南部，内城、近郊及原本崎岖的沟谷上，我们的英国同乡们植树造园，还铺设了有趣的小道通向他们那坐落在浓荫蔽日的山坳里的漂亮别墅。别墅多在高处，富有的殖民者们来去都坐在由 2 至 4 个苦力用棍子抬着的凉轿上。

几座非常美丽的植物园俯瞰市区与港湾。我第一次去参观时，正值它们的鼎盛时期。一棵开着灿烂红花的棕榈树给我留下了极深刻的印象。唉！当我一年之后重访时，可怕的台风已将它及许多珍贵的树种都摧毁了。可怕的台风造成的另一处破坏对我的影响则更深。我初到香港时造访过的一座别墅在台风中被掀掉了屋顶,几成废墟。我与好客的主人共度过美好时光的屋子朝天大敞着。几个月之后,这座宅子才开始恢复旧貌。不管遭到怎样的破坏,殖民者都会立刻悄无声息地下令重修,而自己则该干什么就干什么,像是没什么不同寻常的事发生过似的。

维多利亚城的建筑精美绝伦。只需举几个例子——香港汇丰银行、香港俱乐部、新法院和建造中的邮局,这些建筑均临海而建,大多坐落在由卓有远见又干劲十足的领头人填海造出的土地上。后面高处靠近植物园、俯瞰整个市区的是总督府,恰似在看顾着这块土地及其居民的命运。

街景富有情趣而又国际化。这儿是英伦风情的商号,那儿是服饰鲜亮的游人,男男女女刚从客轮上下来,尽量利用在港口逗留的短暂时间到处游览。还有大声叫嚷着、渴望拉上客人的轿夫。这就是这个东方门户的特色:繁忙而商业味十足。

最有意思的就是沿港口边漫步了。西从香港俱乐部出发,可以见到天星码头。有蒸汽渡船定期来往于这里和九龙。这里有宏伟的现代化建筑,即轮船公司及其他商户的办公楼,对面是各种各样的码头和驳岸。码头间摩肩接踵地挤着许多本地船,船主就住在船上。他们随时可把各类货物运到泊在港口的船上,或香港其他任何地方。还有更小的舢板,用来载客或捕鱼。所有本地船在夜间需离岸一定的距离。它们均有编号，客船有执照。这样警察有每一艘船的信息，以保证乘客能安全乘坐。多走几步，会注意到房屋大多住的是华人。在繁忙的街道上，苦力们从船上来回搬运着各色货物，从大包的棉花到被捆在笼子里尖叫挣扎着的猪。更远处是各个轮船公司的码头，经营着通往澳门、广州及西江①的航线。蓝袍是中上等本地人常穿的颜色和式样。苦力们穿的各种颜色都有，叫人眼花缭乱，宽边草帽像是用来当伞一样遮阳或挡雨的。

如从邮局出发，跳上一辆行驶平稳的电车向东，路过军营，可直到海边，这里许多店铺取日文名字。经过东角，这里有香港最古老的商行，历史悠久，生意依旧兴隆。

到了为本地船只提供庇护而建的避风港，再往前，一边可以看到设施优良的跑马场。赛季时，大批不仅从香港、广州，甚至来自上海和其他港口的马迷们聚集在这里。电车继续前行，来到规模巨大的糖厂。附近是新船坞，由远东最大、最具实力的企业之一修建。这是怎样的一项工程啊！整个船坞从花岗岩山体凿出。我看到它时，工程已近尾声，所有当时最先进的用于停泊大型船只的专用设备都已安装完毕。真是英国人热衷的又一个代表性运动。

---

① 西江为珠江的主流，流域面积 353120 平方公里，占珠江流域面积的 77.8%。——译者注。下同，除非另有说明。

香港晚炊

再往前，电车驶上一条美丽的海滨大道，最后停在筲箕湾村口。几年前，这里还是在附近水域大量出没的海盗的巢穴，如今它是个小渔村的模样。但我个人不相信这里的所有水陆居民都绝对诚实。至少，无须太多的想象力，就可想见他们穿戴着以前的行头和武器，伺机向任何一艘平稳航行的过路船只突袭的情景。

山顶缆车是另一项不可不提的工程壮举。有人称其丑陋，但是一旦坐上缆车，在升降时从车中向外望去，透过亚热带植物能瞥见半山及港口最美的景致。我从车站坐缆车升到半山时，见到的景色简直妙不可言。

第二章　新旧九龙

第一次作画

　　新九龙可以看作是香港的军事与商业区。作为广九铁路的一端，这里很快也会是个铁路中心。正在修建中的这条铁路将是纵贯中国的铁路大动脉的一部分。许多大型船舶在九龙装卸货物。这里还是观看香港的山顶和维多利亚市区全景及其繁忙的港口的最佳地点。

　　朝东两三英里远是九龙旧城，建在山坡上，有城墙环绕盘旋而上，自海边清晰可见。城内现在居民很少，想必是发现到新九龙或香港经商和做工的收入更好，所以移居了过去。旧九龙几乎就在筲箕湾的对面。我相信当地人可能视情况而定，多少参与过当海盗这类穷凶极恶的勾当。先前住在这里的居民想来是这一地区最惹人厌的，他们与这一片祥和宁静是如此的不协调，以至于几年前，我们在香港的同胞突袭此地，拆毁房屋，驱逐村民，使它再不能威胁到这片土地的安宁。

如今我沿城墙漫步，发现丢弃在地的旧铁炮和其他许多过去的遗迹。望向城内则意识到，它早已失去了威胁力。这里几乎没有人烟，只在旧城墙的外侧和海边还剩下少量居民。很难料想，在离香港仅一箭之遥，还存在这样一个海盗的巢穴。这一犯罪的温床与那些堂皇的建筑和舒适的住宅仅隔一条窄窄的海峡，推窗即见。这着实让人惊讶于当局的耐心，使它得以存在这么长时间。海盗在附近盘踞时，难怪人们会觉得天黑之后坐小船渡过港口不安全，而常有人神秘失踪也不足为奇。

艺术家无须多久就能在这里发现绘画素材，实际上整个中国都是如此。但他必须做好忍受各种麻烦和打扰的准备，能用极不舒服的姿势坐立，而且不可避免地会被大群人包围。就算在香港，当地人也很少见过画家在室外作画。他们好奇极了，稍微带点欣赏。一次，我发现几个看热闹的靠得太近，到了让人不快的地步，他们甚至要站到我的前面。晚餐时我向一位朋友抱怨说，真想揪住他们的辫子把他们从我面前拽走。他委婉地表示反对，让我一定要耐心。我听从了他的意见，还真有效果。第二天，一个年轻人为了显示身手敏捷，企图在码头边缘从我面前跳过去。但是，唉！他棋差一着。在跳起时，附近我的一位仰慕者揪住了他的辫子。他背朝下摔倒在地，因身后有人才免于落入水中。我禁不住与众人一起大笑起来。

从九龙眺望香港

香港的锡克警察①身材高大,责任也重大。其中一位在大街上见我躲在人力车里画画,于是便将保护我作为他的特殊职责。他想把人群驱散,但毫无成效。虽然保持道路通畅很有必要,但他也没必要在我的人力车周围玩猫捉老鼠的游戏,人群里的年轻人特别以此为乐。我发出抗议,但从警察那里得到的唯一回答是:"我不太在意他们!"本地新闻描述我是"一个坐在人力车里抽着雪茄,画花市的男子"。这可怜的画家有多少要忍受的啊。

在结束关于香港的描写之前,我必须提一下通常称作"鱼鳞天"②的奇妙景象。虽然这是中国南部天空的惯常现象,我觉得它在香港的效果比在别处更完美。在港口观日落,那壮观的景象让人终生难忘。

同样让人终生难忘的是香港居民的热情好客。我到了还不到半小时,就被东道主带到俱乐部,介绍认识的人多到让我记不住。他们全都很友善,一个接一个地邀请我共进午餐或晚餐。为此我一定要感谢我的东道主(他是香港最有声望的人士之一),也还要归功于我的家族成员长期在远东居住建立的关系。

繁忙的社交活动占据了我太多时间。对于那些既有空闲,

---

① 锡克族(Sikh)为印度民族之一,信奉锡克教(Sikhism)。英国曾在该地多次征兵,香港和上海英租界的印度籍警察多为该族人。
② 鱼鳞天(mackerel sky)指天空中布满卷积云或小片高积云,因类似鲭鱼背部的花纹而得名。

又喜欢社交的人来说，没有什么地方能提供比香港更多的机会了。如果本书落入同我一起参加过某个午餐会的客人手中，他们恐怕会说我不够诚实（如果还记得我的话）。餐会上除了东道主以外，没人认识我。在交谈中，有人问我是否是国会议员，在我否认了这一委婉的指摘，声称自己只是个苏格兰人后，另一人问道："那您要写本书吗？"因当时并没有打算这么做，我回答说"不"，我希望他会原谅我。

我所到之处均会得到帮助。如果想到港口写生，即有一艘小艇供我使用，艇上还备好丰盛的午餐。只要我表示想去什么地方，即会被带去。大家似乎都争先恐后地想让我过得愉快，他们确实也成功了。我欣赏了戏剧，参加了婚礼和告别晚宴，也与那些正筹备婚礼的人们共进过午餐。

如前文所提，我重返香港时，台风已局部摧毁了我朋友的那座漂亮别墅。殖民地的一位显贵邀请我住进他那富丽堂皇的宅邸。这座住宅以其建筑之美和收藏大量东方瓷器而闻名，它们足以与最珍贵的收藏媲美。我在这里度过了一个真正英国式的圣诞节。

第三章　澳门

葡萄牙旧殖民地和贾梅士[①]的暂居之地

澳门，
东方土地和辽阔海洋怀抱中的一颗明珠，
在灿烂的阳光抚爱之下，
集聚了世上所有的美景。

——宝灵[②]

如果时间允许的话，去香港的游客不该错过澳门。广澳轮船公司装备精良的汽船颇值得一坐。澳门也是饶有趣味的一座城市，其历史可追溯至1557年，葡萄牙人在这里建起他们的第一个殖民地（中国最早的欧洲殖民地）。当时允许

---

① Camoens, Luiz Vaz（1524—1580）葡萄牙著名诗人，中文又译作卡摩恩斯。生于葡萄牙里斯本，著有著名的葡萄牙史诗《葡国魂》(*The Lusiads*)。

② John Bowring（1792—1872），英国人，语言学家，又译作包令。1854年4月任香港总督。这些诗句是他在1849年所作的一首十四行诗《澳门颂》(*Ode to Macau*)中的前四句。该诗刻于今澳门白鸽巢公园内贾梅士像的石座上。

澳门街景

葡人在当地建商馆，而中国人则造起关闸将这些外夷阻挡在城外。

澳门城位于珠江西侧的一个半岛上，风景如画。它建在半岛的一片平地之上，两端是嶙峋的石山，高约 300 英尺。城内的平顶房屋独具南欧特色。

中国人对这块领土的主权一贯有争议，1862 年尤甚。但他们的权力式微，这里被当作葡萄牙的属地也有些时日了。耶稣会士早期占据这里，建了圣保罗教堂。教堂现虽仅存遗迹，但仍高耸入云、气势宏伟，与附近的古堡一起雄踞整个澳门城。

从上世纪中叶到 1874 年遭禁为止，澳门一直是耻辱的苦力交易中心。这是奴隶交易中极残忍的一种。近年来殖民地的收入大部分来自于从臭名昭著的番摊抽来的税金。1872 年至 1873 年间的税收高达 380000 墨西哥元，相当于 35000 英镑。华人和澳门人（其中大多为混血种人）是这些赌馆和许多更龌龊的地方的常客。一个欧洲国家会支持这种行为，并迎合人性中丑恶的一面，这太让人惊讶了。

尽管如此，澳门还是个让人流连向往的地方。让思绪回到 1568 年就更妙了。当时的诗歌王子，路易斯·德·贾梅士，因写了一篇披露在果阿[①]的葡萄牙首领腐败行为的讽刺

---

① 果阿（Goa），地名，在印度德干半岛西部阿拉伯海沿岸。1510 年被葡萄牙占领，1961 年由印度收回。

诗，而被流放至此，担任驻地的葡萄牙总督。以他的名字命名的一个石洞使人们对他记忆犹新。据说他就是在这里完成了《葡国魂》，至少其中部分章节。恐怕也就是在这个宁静的居处，他度过了自己那充满冒险色彩的生涯中最快乐的一段时间。

那潜伏的敌人，上帝待之如友，
却从不停歇其叛逆的勾当。①

一座绿树成荫的小石山耸立于半岛南端西江边。山上依崖而筑的妈阁庙宏伟壮丽。庙堂殿宇规模虽小，其精雅却足可与我所见过的东方其他建筑媲美。

向导鼓动我去看番摊。赌馆外部装饰俗丽，里面昏暗肮脏，并不吸引我。有人引我们上楼，沿楼层开口处的栏杆可俯瞰楼下的赌桌，但赌博对我实在没什么诱惑力。我们还参观了一座中国剧院，这里正上演一部当地常演不衰的剧目。剧院无法与特鲁里巷剧院② 相比，没有布景，男演员（没有女演员，尽管男扮女装惟妙惟肖）穿着廉价花哨的戏服，就在台上换装。所有我们可能称之为换景师的工作人员或类似人等，三三两两立在台上观看演出。这情景古怪极了。演出

---

① 选自《葡国魂》——原注。
② Drury Lane Theatre，英国最古老的剧院，位于伦敦西区。

中大多数时间，演员们都在用尖声的假嗓互相叫嚷（猫叫春是我能想见的唯一贴切的比喻），挥舞手臂走前走后。为这喧嚣添彩的还有那所谓的乐队，铙钹声、鼓声和某种轿车喇叭声，不一而足。每隔几分钟便是一声巨响，然后是突然的沉寂，之后又喧闹起来，如此周而复始。扮成女人的男演员踩着高高的假木鞋。为看起来像女人的三寸金莲，鞋子做得很小。宽大的裤子在脚踝处扎紧。观众虽似专注，但似乎不为所动，只稍表示一下认可。偶尔有轻笑声，但并没有像我们看戏时那样报以热烈的掌声。

在澳门时，我还参观了一处优雅的华人住宅。主人不在，仆人毕恭毕敬地引我到处参观。从造型别致的门洞步入秀丽的花园。园中曲径通幽，小径两旁是假山和花草，湖水波平如镜，有常见的小桥通向水中小岛上的亭台，景色宜人。居住部分用的是精美的广东红木家具，有不少精致的瓷器做装饰。

管家取出一本珍藏的伦敦摄影集让我观看，问我是否知道这些地方。我肯定后，翻译请我讲解。他们兴奋地倾听，特别为圣保罗教堂所倾倒。我告诉他们它相当于英国的大神庙，还介绍了在房屋和街道底下运行的地铁系统。

第四章 广州—珠江

初到广州——广州城——珠江——当铺——船民——街景及逛街

去广州的路上，我很幸运有一位熟门熟路的香港朋友作伴。同船我还有幸结识了一位来自英国的海军司令官及其夫人，接待我的友人们也邀请了他们，这就是在东方常说的缘分吧。友人的住所为所有的旅人敞开，我们受到的欢迎热烈真挚。同友人同住时，又有另一位男士和船上的水手来拜访他们。在领事女儿的陪同下，我们一起逛了许多店铺和景点，还经指点学了几手在东方讨价还价的本事。在我看来，讨价时先以叫价的三分之一出价，逐渐让到约一半，然后佯装离开，老板生怕丢了顾客，常会跟到街上。

到达广州时是个大清早。天气晴朗，破晓时水面一片寂静。两岸土地肥沃，远处若隐若现的山峦呈浅珍珠色。珠江也许就是因此而得名的吧！渐渐地，我们能辨出岸边渔民简陋的棚屋。屋子建在立于水中的柱子上。这些人不久前一定还是海盗，若有机会，怕是还会操起这个行当。

逐渐靠近广州。船只越来越多，挤满了水面，我们几乎无法通过。广州城占地约68平方英里。大部分地区为厚20英尺、高达25英尺的城墙所包围。城墙三面更有护城河保护，涨潮时河中灌满水，退潮时则只有令人作呕的秽物了。

全城有12座外城门与两座水城门，船只可经水城门从东至西穿新城而过，日落时分所有城门都关闭。街道狭长而弯曲，房屋很少有高于两层的。

城内有约2000名和尚、尼姑，超过任何其他宗教团体。还有一座清真寺，寺内有高塔。

广州的行会组织非常有势力。许多会堂都属于这些团体，由它们使用。行会似乎很能左右民众的观点，举例来说，上次在广州时，一艘属于一家英国公司的汽船上发现死了个中国人。虽然医生鉴定是自然死亡，但此事引起轩然大波，会堂中多次举行会议，反英情绪大涨。

中国的当铺是极为普遍又引人注意的地方。当铺有三等。头等当铺为实力雄厚的公司所有，店铺多坚固气派，是广州除宝塔以外最宏伟的建筑了。它们方正高大，叫人想起英国以前的边境哨所。窗户装有铁栏杆，大门也是铁的。营业处在地下，储藏室则在楼上。

珠江渔舟

二等当铺多由合股公司经营。而三等当铺有些是由警察、衙门里当官的，甚至是富有的犯人经营。利息出奇的高，冬天或许会降些以让穷人能赎回冬衣御寒。典当商的执照非常之贵，尤其是那些二等当铺的，他们收益的很大部分都被当官的缴获了去，后者在全国各地都是以巧取豪夺而闻名的。人们去当铺大多是为筹资操办红白喜事。像苏格兰人一样，中国人在这两项上是极为铺张的。

中国，尤其是广州的船民自成一景，其他任何地方都达不到如此大的规模。成千上万的船只聚在一起，一刻还挤挤挨挨，另一刻却都生龙活虎，万舸争流。

这是多么奇特的场景啊！各色船只，船尾高翘的大帆船也好，极小的舢板也好，成了这一群群男女老少的家。他们在船上生老病死，有的到死都不离船到岸上安葬，而将自己最后的安息之地选在了水底。远近都是船。盖船篷的材料五花八门，从装配合适的船篷盖，到将就铺在弯棍搭成的架子上的席子都有，前者还垂下一点以起到更好的遮挡作用。它们似乎都很安静，突然，有一把桨划动了起来，或有桅杆和船帆升起。一艘船在船堆里推搡着挤出来，船群也随之骚动起来，通常还伴以高声谈话，然后它才驶进航道，开始旅程。

在东方，所有本地船都画有眼睛，中国人的理由是——

广东船民

没有眼睛，就什么也看不见，
什么也看不见，就无法航行。

　　住在广州的洋租界沙面，如果不是能远眺到江上的船民的话，你可能会以为身在欧洲。沙面原只不过是一片泥滩，现在则是规划整齐、如花园般的住宅区。道路铺设平整，网球场边有浓密的菩提树遮阴。但穿过小岛眺望港湾另一边的老城，你会意识到这是中国众多人口稠密的城市之一部分。又会见到大群船只，装了各种农产品，驾船的人男女老少都有。有的船由船尾的蹼轮驱动，船工用踏车带动蹼轮；有的用单橹；还有一些小船竟然是用脚划，船工坐在船上，就像我们用手似的，用脚趾抓住船桨。这种船也是最快的，我想多是用来运送信件。

　　跨过英格兰桥①就是广州，中国南部最有传统风味的城市。那些别具一格的小街上几乎遮天蔽日地挂满了各种漂亮又奇异的招牌。街道狭窄昏暗，潮湿易滑。拥挤吵闹、行色匆匆的人们都专注于自己的事情。但还是抽空瞟一下我这奇装异服的洋人，有时带着怀疑的神色，但大多数时候是觉得好笑。

　　但是还得小心，如果没有向导的话，走几分钟你就糊涂

---

①　沙面通广州有东西两座桥。东桥旧称法兰西桥，西桥即此桥，建于1861年，连接北岸广州如今的六二三路，即原沙基路。

028 | 帝国丽影

广州一瞥

起来，然后就彻底迷了路。这里的街道无疑是全世界最有特色的。将来等人们对洋人的怀疑消去后，某些造诣高的画家手中的画笔会证实这一点。当时因反英情绪盛行，我无法在街上支画架，还被警告不要招来人群。

我们一路颇费周折，走了好几条街，看了寺庙和其他新奇景物，还逛了各种店铺。店里有卖精美的刺绣背心的，有从事将翠鸟羽毛镶嵌到银器上这样精巧的装饰工艺的。

你踱入一间店铺，店门在身后关闭。你正疑惑下面会发生什么，伶俐的年轻男店员已开始向你展示早就吸引你的商品。可能还会敬上一杯不加糖或奶的绿茶。虽然你对泡茶的水质有些怀疑，但还得喝下去。讨价还价是很普遍的事，没人会按报价付钱，中国人是欣赏那些懂得怎样杀价的顾客的。

这一切都多么奇特啊！与世界上其他地方的景物是多么的不同啊！

第五章 从城墙看广州

陵园——英国领事馆——广州的水及小镇上的第一次写生

步行横穿市区，就到了城墙边。这段路程很长，游客大多乘坐由四个苦力抬着的轿椅。他们大声吆喝着让道，如遇到对面另一乘轿椅，会紧贴路边的店铺让对方通过。沿城墙可走到著名的五层宝塔下，这附近是观赏广州城全景的最佳地点。从庄严华丽的宝塔俯瞰全城，到处能见到高耸的方形建筑，即前文提及的当铺。多美的景致啊！绿树掩映之中是庙堂的飞檐翘角。苍茫的天空下，四下里尽是灿烂的阳光和诱人的美景。看到这些，很难让人想起下面的拥挤肮脏和尘土飞扬。

中国人认为旧城墙一定要修复，甚至还要重修用来遮挡古炮的屋顶，好像它们还有什么用处似的，这很让人费解。

这些旧铁炮在古代有效地保卫过城市免受敌人的入侵，如今则散落在地上，锈迹斑驳，一无所用。

从这里望向城墙外起伏的原野，在我眼里那是一大片墓地。成百上千座小石碑见证了这里是几代广州人最后的安息之地。不时还可以看到做工考究的墓碑，多呈半圆形，显示该处是某位显要人物的墓地。

陵园是个很特别的地方。这里有成片的庙宇和陵墓。那些负担得起的，将家中亡人的遗体置于棺材中，在法师宣告应该在何时何地安葬之前，一直停放在这里。棺材都富丽堂皇，有的还上过釉并装饰过。我想遗体在这庄严之地停留的时间一定主要取决于亲属的富有程度。

来这里的路上，我见到一队送葬的行列。棺材上绑着各种食物，其中有一只活公鸡。从它那洪亮的啼叫声可以想见，尽管站得很不稳当，它似乎还挺自在。

另一处有趣的地方是五百罗汉堂。入口处有巨大的石像守门，主殿内五百尊罗汉成行排列，每尊罗汉前放着一个瓷制、有时是铜制的小瓶，供拜佛的人插香用。罗汉本身神态各异，从面前插香的数量，可以知道某几尊显然要比其他的更受欢迎。所有的罗汉均镀了一层厚厚的金。有些刚镀不久，还有些则明显是受了冷落，想来那些罗汉不是很讨喜，因此也不必号召虔诚的信徒用给佛镀金来显示对它们的信仰。其中特意指给外国人看的一尊是马可波罗像。虽然他是个伟大的旅行家，但如果他的相貌与这尊像有任何一点相似的话，他长得真不是很美。

旧英国衙门几乎位于市中心，曾是一位广东籍朝廷大官的宅邸。英国人攻下广州时，强占了这座美丽的住宅，将它作为英军代表的住所。多年来这里由英国领事及其职员占用。但如今，这些官员们住到了建在沙面的现代住宅中，旧衙门就成了派驻到此的领事馆学员学习中文的地方。一个星期天，我与朋友一起去那里拜访，它的宁静幽美将我深深地打动了。四处都是绿树、石铺小路和平台，就像是肮脏吵闹的广州市内的一片绿洲。想拜访的学员们不在，自然我们被热情邀请入内，边饮些凉茶边等候。就在我们坐在平台上抽烟聊天的当儿，沿大门口奔进几匹极粗壮的小马驹来。骑马的是我们的朋友，马和人身上都溅满了泥点，可见他们这次出行一定漫长而艰难。马驹较小，毛为杂色，未经修剪过。这队人马奔进这座与世隔绝的花园时，长长的马鬃、马尾和骑马人的各色装束让他们看起来颇为野性。

广州的水非常独特。有一天我在护城河边写生时发生的故事让我明显地意识到这一点。我正在画对岸一组独特的建筑——一所厘金局时，一位中国老人走近前来，对我的画很感兴趣。他前后左右地看了个遍，又想用长长的指甲去摸它。最后他问我是用什么画的，我还没回答，他就拿起水洗中的一支笔来，放到鼻子跟前闻了闻，说："啊！和广州的水一个味。"

从老城传来的古怪喧闹声一定程度上打扰了我在此地前几夜的睡眠。那时春节刚过，蚊帐周围蚊子嗡嗡乱舞，偶尔还钻进几只来。加上中国唢呐的奇特响声、大鼓或手鼓的嘭嘭声，还有附近提醒大家小心的叫声，让我觉得自己恍若置身于一个在别处任何地方都无法找到的国家。

我还游览了澳门炮台，过去英军突袭并占领过这里。现在的它看来小得可怜。

一天，我与一位年轻朋友坐船沿河而上，到了一个离广州稍远的小镇。我以为这里会激发些艺术灵感。但镇上的人们立即将我们团团围住，他们恐怕不经常见到外国人。好不容易看过几座并无什么特色的寺庙，穿过一个门洞后，我们来到镇上一条有趣的小街。街面非常狭窄，两旁店铺林立，满眼都是明快绚丽的色彩。我立即决定画幅小街的速写，于是找到墙角一个低丘上的位置。周围的人群渐渐密集起来，人声也越来越嘈杂。一看到我打开颜料盒，人们即觉得在这种场面上"强权即公理"，他们推搡着争夺靠前的位置，闹声震耳欲聋。有我的朋友在一边努力阻止人群靠得太近，我在那儿稳稳坐了两个小时。然后正当我放弃准备离开时，却获知他们要看我画的是什么。于是我的速写被轮番传阅，仔细研究，最后交还给我，好几位长者和蔼地鞠躬表示赞赏。人群伴着我们回到船上，我的朋友笑谈道，如果早知道，他们很可能会安排得好一些，将前面的位置卖给出价最高的人。

广州周围的河上有许多养鸭人。一条旧舢板，伸出几块木板浮在水面上，就成了养鸭人一家及鸭子的住所。鸭子数量众多，半水上半陆地放养。在水上时就那样住着，有时则赶到岸上合适的地方去找食。养鸭人用一根长长的细竿赶鸭子，而鸭子们就像是在军官指挥下的一个军团。

我是吃过中国鸭子的，但不会再吃了。

第六章 上海

到达吴淞——沿江而上——外滩——南京路——冒气泡的井——赫德爵士[①]离开中国

自海上驶近上海的感觉与香港截然不同。这里没有巍峨的太平山迎接游客。但当船驶入黄浦江口、距上海还有12英里的吴淞（导航台）时，众多大大小小、熙来攘往的蒸汽船、拖船和挖泥船，夹杂着各色各样的无数本地船，预示着远东大贸易中心的临近。

这里的江面宽1英里多，两岸均为平原，几乎与荷兰一样，尽管色彩不同。河道因自然和人为的因素而时有改变。欧洲监事负责保证这条主要贸易通道的畅通无阻，这任务常让他们应接不暇。

[①] Robert Hart（1835—1911），英国人，1854年来华，自1863年起任中国海关总税务司，直至去世。

上海新马路

吴淞港内停泊的巨型班轮，正等待卸下部分货物，之后可能再驶往上游。人们有时会见到"皇后号"白色的船体，大队深色的大英火轮公司[①]，或德国的邮轮，或蓝烟囱轮船公司[②]蒸汽货船上蓝色的烟囱。这是旅客们漫长旅程的最后一站，他们在这里转乘等待着的小艇去上海。黄浦江水呈黄色，水流湍急、浪涛滚滚，在河里航行并不很容易。

很快看到简练而坚固的欧洲风格的建筑，和工厂高耸的烟囱，洋行的招牌字字可辨。虹口让我们意识到自己确实到达了远东的商业中心，这里让人想起英国一些有类似临河位置和交通流量的港口。

船靠岸时，亲戚在码头迎接我。如果不是因为到处是苦力和人力车，我几乎以为自己是在英国了。当我们驾车沿优美的外滩驶过，这个城市各种文化交流荟萃的特色很快就彰显无遗了。

在上海的租界里，华人与洋人居住的街道之间并没有明确的界线。举个例子，虽然老城四周有城墙包围，并与租界相距甚远，但沿南京路走，你会发现两边房屋的风格随步履的前进而不断变化。本地房屋一般有别于欧洲人建造的，它们装饰华丽，却造价低廉、用料单薄。

南京路、福州路和其他主要街道两旁的店招五光十色，

---

① P. & O., Peninsular and Oriental Steam Navigation Co. 的简称。
② Alfred Holt & Co.

形状、大小各异。路过时向楼上的窗户望去,可以看见喝茶抽烟的人们。而在街上,衣衫褴褛的苦力推着手推车,与外国商人的漂亮马车并肩而行。手推车上往往载着一家子人,一个人必须歪在一边坐着,以保持车的平衡。这样的情景是多么有意思啊!跑得飞快的人力车,华人洋人骑着的自行车,甚至最新的摩托车都有。摩托车在这里一定有很好的发展前景,中国人刚开始用,他们酷爱速度,因此摩托很合他们的胃口。但目前只有租界的马路适合驾摩托。我听说一个中国人第一次见到摩托车时,惊呼道:"多好的东西啊!不用推,不用拉,跑得飞快!哈呀!"

到过这里的人一定会意识到,上海的地位注定会变得更为举足轻重。现在已是一个重要海港的上海,很快也会成为一个关键的铁路枢纽。

租界的中心地带人口最为稠密,而各个租界的地价都非常昂贵,美英两国因此不得不共用一处领馆。就像在英国一样,住宅区则离市中心越来越远。

跨过苏州河上新建的铁桥,就到了美国人的虹口租界。这里临黄浦江的地段很长,颇有价值。巨大的仓库、装卸码头,以及造船和工程码头正在两岸崛起。离开江面,远处是大片居住区。南京路的另一头是设施优良的跑马场,几年前,这里还是一片空地而已。热爱体育的洋人们过去在这里举行撒纸屑追逐游戏①,如今他们必须到更远的地方去了。开发者的远见使这片优美的土地免遭落入建筑商手中的命运,而是为后代保存了下来,这一点颇可褒奖。

跑马场后是静安寺路,因路尽头的那口著名的沸井而得名②。关于这口井,奇蒂(J. R. Chitty)先生在他的《中国见闻录》(Things Seen in China)中记录了由一位中国阿婆讲述的有趣故事。"一个家境优裕但身份不高的年轻女子嫁了个世俗眼光中的好人家。她深得年长的丈夫的欢心,但因没有身孕,还是面临被休的危险。丈夫限她一年之内必须给他生个儿子以尽妻子的责任。她独自徘徊,哀叹自己的苦命。虽然结婚已8年,她才23岁,不想过近似永远'独处深闺'的生活。她坐在井边,向佛哭诉,泪水串串滴入井眼。这时,宁静的水面剧烈沸腾起来。见此,她起身来到附近的一座庙中,将这个故事告诉庙里一位和尚,并许愿如果一年内生了儿子,会在离井边最近的地方建一座合适的佛堂。结果她如愿以偿,佛堂也建了起来。这个故事是不是真的,看这口井是否还在冒泡就知道了。"

静安寺路不仅是洋人,也是富裕的华人在仲夏夜驾车兜风的主要街道之一。华人并不反对享用洋人的奢侈品。在这

---

① 一种户外运动,假扮兔子者在前边跑边撒纸屑,假扮猎犬者在后跟踪追赶。
② 原文作 Bubbling Well,俗称涌泉,因乾隆曾题字"应天涌泉"而得名。静安寺路当时的英文名就是 Bubbling Well Road。

条繁忙的大道上，车水马龙中常常可以见到制造精良的敞篷马车。马夫穿着白色亚麻布制服，帽顶垂着红缨。车上可能是三四个表情严肃的中国人（经常坐得满满的），或是一个翩翩少年立在高高的双轮马车上，驾着小马飞驰而过，而他的马夫则在后面站着或坐着。我注意到大多数这个阶层的中国人都戴巴拿马帽子。这是唯一一种与我们的服饰类似的物件。但他们经常故意将帽子歪戴在头上，还折下一部分帽檐。

中国人偏爱跑得飞快的马匹，老想超过路上所有其他车辆。他们把马驾得如此之快，与其说是马在小跑，更像是我们所说的飞奔。

这一带的房屋带有欧洲风格，非常坚固，经常让人慨叹其建筑之美。从比较常见的带宽敞露台的红砖大楼，到黑白单色的旧英格兰风格房屋，偶尔还有一两座装饰奢华至极，似宫殿般宏大的建筑。它们占地相当大，绿树环绕，是颇理想的居所。我也完全可以为主人们的慷慨大方作证。此地是富有商人们的住所，也时时有有钱的中国人来这里买房，在欧洲人的治理下生活，像其他守法公民那样付税交租。

服务优良的电车将此地和近郊其他地区与市中心相连。外国人的辖地已扩展至宽阔的黄浦江以外，并在更远的浅滩建起了许多工厂，开发了不少工程项目。无数从市中心外滩出发的汽艇保证了这一区与那里通畅的交通。江边这一段停泊着大大小小许多船只，有一两艘洋人的炮艇，还有几艘大多是海关雇用的小型中国战船,时刻保持着警惕。

说到海关,我在上海逗留之际,有幸目睹了极为感人的一幕,若错过我会后悔莫及,那就是对中国至关重要的一位老人——赫德爵士的离开。他为中国贡献良多,他的名字必将与这个伟大帝国的历史紧密联系在一起。送别并没有隆重的仪式,但正因其简单,场面显得十分庄重。人们对这位主持过各类事务的首领的极度尊敬让人难以忘怀。

中国人热爱烟火,在什么场合都想办法放。因不允许在租界陆上燃放烟火,他们便找了附近几艘帆船,在赫德爵士离开之时,船上燃放起声音震耳欲聋的鞭炮,旋转式、火箭式和其他烟火齐齐迸放出来,响声震天。船就在这一片热闹中出了港,这个时代最伟大的英国人之一就这样离开了中国。我衷心希望他的晚年过得幸福,那是他应得的回报。

水上东西方的对比几乎同陆上一样显著。老城外停了几十艘各式帆船,有些船来自宁波,高翘的船尾住了全家人。我故意强调全家人,是因为几代人经常同船而居。船体饰有风格奇异、色彩鲜艳的各种异兽的图画。也有载客至这一带几条河流的大帆船,另外一些船似乎已经无法开动,只是用来作为船上人的住家。它们一条紧挨另一条,人们在各条船间走来走去。它们的数量如此之多,几乎像是城市本身的延伸。哦!那些因此产生的秽物、尘土和各种垃圾!瘦小的杂种狗在水边和船间逡巡,叼起任何可叼之物。

第七章　上海老城

　　城门与街道——新马路——老茶楼和它的传说——布头庙——绘画的困难——我的坐轿——警察的干扰——"你得有执照"——获得批准——我在中国商店和老茶楼前作画

　　穿过法租界就到了老城，可以想见它同租界的对比有多大。临近交界处时，我们注意到房屋越来越小，也越显无足轻重，式样则更传统。一条肮脏的小河是真正的界线，它环绕旧租界，直通苏州河，形成当时一个天然的防御设施，人们仍称之为护城河。沿河有许多出售各类五金器具的小店，许多人在这里淘到过不错的旧铜器。然后就来到老城的旧城墙，过桥进城门后见到的景象恐怕是全中国对比最鲜明的了。离那些按照人类文明最先进的技术建造的摩登建筑只几百码的，是与城墙杂乱地挤在一起的本地人住的房屋、货摊和小铺子。这让我们立刻想起中世纪时英国大众的生活条件。

钻出低矮黑暗、散发着恶臭的城门洞，我们见到了古老的城门。门上巨大的木制门闩，用来在夜间关闭城门。到处都是乞丐和因古怪的残疾或其他伤病而瘸了腿的人，充耳尽是小贩推销货物的叫卖声。

狭窄的街道两边独具特色的小店鳞次栉比。油污滑腻的人行道散发出一股奇特的气味，浓厚得让人窒息，是所有这天朝帝国的老居民所熟悉的。走过几条更窄的弄堂，我们来到了新马路。之所以这么叫，是因为它比一般马路宽阔，如果马车真能驾到这里的话，它也至少可能作为马车道，不过现在恐怕是不可能。

告别这条独特的马路，以及它那奇特的招牌、忙碌的店铺和拥挤的人群，我们重新钻入错综复杂的街巷，在鸟市停了下来，一刻不停的鸟叫声和买家卖家的叫喊声震耳欲聋。仅一步之遥，就是立在水中的老茶楼[①]了。一座九曲桥通向这座美丽的古老建筑，它因青花瓷花纹的设计最早以此为原本而闻名。亭子建在高坡上，并不垂直，重檐，窗户呈独特的贝壳形，在老青花瓷器上都可以看到这座亭子的形象。

[①] 应指现豫园的湖心亭茶楼。湖心亭建于清乾隆四十八年（1783），系明代四川布政使潘允端私家园林豫园中一景。至咸丰五年（1855）改为茶楼，曾名"也是轩""宛在轩"，系沪上留存至今最早的茶室。

青花瓷的传说
（选自《了解古老的中国》）

一个富有的大官的女儿崟瑟爱上了她父亲的侍从张生。大官满心希望自己的女儿嫁给一个有钱的求婚者，坚决反对这桩婚姻，还将女儿关在家中露台上的一间屋子里，即图案中寺庙左边那座房子。幽禁中，崟瑟看到柳树开花，写诗表达自己希望在桃花开放之前获得自由的热切愿望。张生将一个字条放进一枚小小的椰子壳中，装在一个小船上，传给崟瑟。崟瑟回答道："难道聪明的农夫不是将果实采摘下来以防它们失窃的吗？"并将这个字条放在船上传回给她的爱人。

于是张生乔装打扮，混进大官的花园，带走了崟瑟。桥上那三个人物代表的是拿着卷线杆的崟瑟，捧着珠宝匣的张生和举着鞭子紧跟着的大官。

这一对爱人逃走了。在一个遥远的小岛上张生的家中过上了幸福的生活。直到多年之后，那个恼羞成怒的富有求婚者找到他们，放火烧了他们的家。他们化作两只鸽子，从竹林的灰烬中，如凤凰一般飞了出来。

九曲桥上满是懒洋洋晒太阳的人。许多人在玩鸟，有的放在笼子里，有的拴在小棍或手腕上。中国人多喜欢鸟儿呀！而养一只上好的鸣禽以获取高价的竞争又是多么激烈！人们带着鸟儿来到这个有趣又美丽的地方，站在一、二甚至三只鸟笼旁,轮流把它们举到水面上晒太阳,认真倾听鸟儿的歌唱,显然很享受的样子。带黄眉的画眉鸟是最受欢迎的,它的音色低沉圆润,连鸟笼和其他附件可以卖到一块到一块半大洋。有时也卖百灵鸟。老茶楼里面非常繁忙,大群茶客在那里饮茶、抽烟、聊天、谈生意。仅从这一个小小的角落观察中国人,就可以对他们的性格有一个差不离的了解。他们喜爱宁静、美丽的景色,但又热衷于生意,勤勉肯干,这就是我概括出来的中国人的性格。民众具备这种性格,任何国家都应为之骄傲,而一旦丧失,任何民族都很快会退步。

城墙边的"布头庙"因常被中国商人用作曼彻斯特布匹的交易场地而得名。它飞檐翘角,是典型的中国南方建筑。窗户呈贝壳形,窗框雕刻精美,每扇窗扉中央都镶有一小块方形玻璃,以便透入更多光线。

有游人说上海老城没什么可看之处,我只能说这些人完全缺乏对独特而美妙的事物的欣赏能力。仅是我提到的这些街道和建筑就值得好好花时间观赏。它们是如此独具特色,充满魅力!

读者朋友们一定可以预料在这样的环境中作画不是件容易的事情。我必须承认开始确实遇到了相当大的困难。我的朋友帮我改装了一座轿椅,既遮阳又保证作画时所需的光线。它可升高,这样我坐着时,视线可以掠过一定会聚拢来的看客们的头顶。我找人把它搬到新马路,不用的时候寄放在附

046 | 帝国丽影

湖心亭茶楼

近的一座庙里。

没等我开始工作，麻烦就来了。人群聚拢来，虽然我的仆人和不少追随者极力想让他们保持一定距离，但无法阻挡人们强烈的好奇心。"这洋鬼子在干什么？为什么他坐在一个遮了白布的椅子上？"（白色是丧事用的颜色）我完全忘了白色在这里代表丧事，毫无意识地用了白色棉布来遮椅子。如果他们猜想里面有具僵尸的话，很快会发现这僵尸还活得好好的。

很快来了一位穿着古怪制服的本地警察。他将人群拨开，上来仔细查看我正画着的画，然后神色严肃地大步走了。片刻工夫他带了个同僚回来，两人重复了以上动作，同我的仆人聊了聊后就离开了。我继续安静地工作，很快画面渐趋完整，人们看出描绘的就是眼前的景色时，他们感兴趣极了。

第二天一早当我回到原地，刚开始画时，和平守卫者们又出场了。这回是位长官，他穿件银纽扣制服，由部下们前呼后拥着，不用多看就知道马上有麻烦了。于是我赶紧满脸堆笑，让我的仆人也赔上笑脸。

银纽扣先生礼貌地走上前来，人群自觉地让出一条路。他鉴赏了一下画，发表了几句评论，当然我是一个字都听不懂。于是我叫过仆人来，让他请这位先生站到一边，以免遮挡我的视线，并且同他能聊多久就多久。于是我又得以安静地工作到预定时间。

上海城墙边的布头庙（城隍庙）

当晚我问仆人："今天在城里是怎么回事？"他答道："警察说，如果您要在城里画地图的话，您得有许可证。"

参考过朋友们的意见后，我第二天又回到老地方。不过带了一位比当时的我更了解中国的朋友。我还没开始工作，就来了一位穿着金纽扣制服的高级长官，由银纽扣先生和许多随从簇拥着，又把昨天的场景上演了一遍。

于是我的朋友上阵来，他把人请到一边，接着展开了一场激烈的讨论，讨论持续两个小时。而与此同时，我则安静地画画，对我的观众们保持微笑，确保让他们不时看一下我在画什么。两组人哪一组更吸引人一些，似乎是半斤八两。我希望是辩论的这一组，确实也是。晚上离开老城时，我得知若要继续画画，必须得到官方的正式许可，我对是否可能获得许可的疑问很快解决了。一位颇有影响的中国绅士帮忙给市府几位官员写了封信，然后我到他们的局里去了一趟，得到极为礼貌的接待。他们把我从一间屋子领到另一间屋子，一张椅子坐到另一张椅子，最后局长大人亲自接见了我。他同我的翻译谈了良久后，我高兴地得知自己可以在城内任何地方画画，条件是需预先通知警察在哪里画画，这样他们也许会派一个警卫来保证我的安全。我完全没料到会有这样的待遇，对官方的关照非常感激。

与此同时，我将遮椅子的白布换成了不太显眼的藏青色，然后将它搬到新马路上另一处地方——一家规模较大的中国店外面。店主见到不断增多的围观人群,断定这会影响自己的生意,便向我的仆人抗议。正在那时,我的警察护卫来到了现场,仆人告诉他们店主反对我在这里作画。警察先生的唯一答复是把他赶回自己的店里,并命令他待在里面别出来。

画老茶楼时,我必须将椅子放在湖边,以免有人站到我前面,但人群却将我身后那条狭窄的街道堵得水泄不通。在这儿的最后一天,仆人递给我一封信。信是中文的,信纸上照例有红色的竖格。我问写的是什么,他答道:"主人,您身后的店主告诉我您搅了他的生意。"我问:"他损失了多少?"回答是:"一块大洋,主人。"那位精明的店主拿到了钱,再没找过麻烦。

完工时,我大舒了一口气。除了要忍耐酷暑、酸臭,每日聚集在我周围的人中,还总有些叫人讨厌的人。我作画间隙抬起头来,极有可能见到的是一个长满天花的男人。哦,有些人脏极了!我的朋友们见我在出发去老城时,总要撒上很多基廷粉①,还常笑话我,但确实有此必要。

---

① Keating's powder,伦敦汤玛士·基廷制药厂出品的一种杀虫剂。

第八章　上海（续）

驾车去龙华——寺庙——坟头喝茶——埋葬的陋习——鸦片——公开焚烧鸦片馆的烟具——戴枷的囚徒——一场冰雹

游人常驾车去龙华，这是一段令人赏心悦目的旅程。经由静安寺路或穿过法租界、跨过徐家汇河、经过军械库，便到达寺庙林立、宝塔高耸的龙华。那里的庙宇在我看来足可称为中国南方飞檐建筑的典范。镂空雕刻将顶部的屋脊装饰得富丽堂皇。以前殿为例，屋脊正中是一对象征丰裕的鲤鱼，背后则是龙，角上各有一只天鹅。檐角弧度优美，以让人惊叹的方式飞入空中，赋予整体设计一种线条美。每个飞檐下都挂有铃铛，在微风中叮当作响。这类建筑中，屋檐的设计极有特色。其实，大多数中国的建筑都是如此。

一天我在这儿画画时，朋友们开车来看我，还带来了茶点。我懵懂地问道:"难道大家打算就在围观我的人群中喝吗?""哦,不。"一位女士答道,"我们会在附近找个好点的坟墓。"我听来非常诧异,但还是随着大家一起去找这么一个好地方。当然走了没几分钟,我们就找到一处四周有围墙的僻静之地。绿草茵茵的小山包上是绿树佳荫,于是我们就在树下斟茶慢品。几个本地人则观望着,随时准备拿走剩下的东西。

中国这一带人们处置尸体的方式恐怕是最令人反感的了。崇敬祖先本身有很好的含义,也是我认为中国的人情风俗中最突出的一点,但我无法理解他们为何要将棺材安放在任何他们认为合适的地点。靠近住宅还是在马路边都无关紧要,他们就在那儿把棺材放下,应该还要盖上土,但常常并没有这么做,于是棺材及里面可怕的尸体就这样露天敞着。就算是偶尔会在棺材上盖上土,也基本上都是草草了事。中国各地都是如此。所以在一个洋人住宅的后院,甚至是前院里,很有可能见到坟包。但在那种情况下,就像我们在上面喝过茶的那座,土包上面会盖有厚厚的草皮。

一天去龙华的路上,有桥横跨一条小河。在桥下,我发现这么个标志:"马车过桥务必小心,桥面易塌。"于是必须把马先解下通过,然后再将马车从桥板上推过去。

世人皆知鸦片是目前中国的焦点问题,我目睹了与此相关的一个小事件。有告示说周日下午,在静安寺路的某个茶园内，将公开焚烧近期在上海关闭的一家鸦片馆内所没收的家具、设备、烟具等。我和兄弟一起去看，一大群中国人和各国洋人聚集在那里，表示对禁烟运动的支持，还有中英文的讲演。关于吸食鸦片的文章堆得像火葬用的柴堆一样，用石蜡或其他易燃物浇透焚烧。应该提到的是这些烟枪上大多数的镶银部分都被仔细地取了下来，这就叫作"俭以防匮"。

上海本地犯人受到的待遇让我觉得无法苟同。当你在路上散步或驾车时，见到穿着制服的本地警察押着那些可怜的家伙在街上慢慢走过，并不是个令人愉快的场景。犯人戴的枷是一种木制框架，中间开口以便在脖子周围扣紧。枷极重，戴着它犯人无法躺下，嘴也够不到吃的东西。除此之外，胸前还要挂上一块写了所犯罪行的牌子。我想其作用一是让他丢脸蒙羞，二是警示他人别犯同样的罪。在修建马路和娱乐设施的工地上，也有拖着沉重的铁链干苦工的囚犯。

失火是常有的事。尽管这一发展极为迅速的地区有支精干的由志愿者组成的消防队，但当地委员会作出必须雇佣专业消防队员的决定应该为时不远，志愿者多从年轻的外国人中招募。雇主们也开通明理，允许他们响应召唤随时离职，并不介意因为经常要干一整夜消防的活儿导致他们第二天无法正常工作。当然不能老这么做，也不该是这样。我在的时候，一周里曾发生三次大火灾。不仅对消防员们的精力，而且对雇主们的耐心，绝对都是很大的考验。我曾目睹一次几

龙华寺

栋当地房屋和一个小木材场失火,现场所有的东西都像火柴棍一样迅速燃烧着。如果没有消防员巧妙施救和本地人的帮助,这场大火恐怕要殃及更多无辜。前夜我们也听到火警,后来知道是几家大型榨油厂着火毁了。昨夜又有虹口的大木材场遭焚毁。

  这里气候的变换与英国的颇为相似。我到达上海时是 4 月初,整月都阴冷潮湿。一次还下了场大冰雹,当时我和兄弟正驾着一辆四轮折篷马车。冰雹大极了,幸好马车前面的皮挡板是支着的,我们才没被砸到。停了以后,中国小孩们四处奔跑收集落下的雹子捧在手里。它们有榛子那么大,砸破了窗户什么的,造成不小的损失。5 月,天气渐晴转暖,到月底就热了起来,但不叫人难受,我于是坐游艇去旅行。

第九章　苏州与太湖

游艇——管家——沪宁铁路——在船上——好奇的村民——我对中国水路的初次印象——水车——穿过一个村庄

复活节①我应邀去苏州和太湖一游，旅程非常愉快。两艘游艇"托戈"与"利拉"，一艘装修豪华，另一艘非常舒适，足够提供我们这一行人的食宿。再也没有比在这种上海游艇中旅行更轻松自在的了，当然它们是特意为外国人制造的。

管家得到命令为全程旅行做安排。值得一提的是，在东方，欧洲人住宅中的管家是最重要的本地仆人（不管年龄如何，所有仆人都称作"僮儿"），其地位相当于我们本国的男管家。多数情况下，他管理整个住宅，调遣所有仆人，还能从后者及商家那里提取回扣。因此在任何大小的住宅中，尽

---

① 每年春分月圆之后的第一个星期日，是基督教纪念耶稣被钉十字架受死后第三日复活的节日。

管管家会有一份合理的工资，但他的"外快"收入也相当多。

管家勇勇几乎一生都在这个家庭中。我听到主人简短而清晰地命令他道："僮儿，过两三天，夫人、我、小姐、O小姐和T先生（指我）一起坐游艇出去，七个人。你去找游艇，同船主谈谈，安排好一切。"这几句简短的指示足够保证我们旅途所需的一切都准备妥当。

为能尽快北上，我们让游艇先驶到苏州，一行人则坐火车经新建的沪宁铁路到那儿与他们会合。就运行的平稳与乘坐的舒适程度而言，这条线上的火车与英国的不相上下。到苏州，我们的船已在车站附近的河边等候。车站建在城墙外，就像六七十年前在英国一样，中国人尽可能地将铁路修在城外。我想将来他们也会像我们一样为此后悔。

我们立刻登船。很快船工摇动大橹，船安静地驶在了水面上。每艘船配有两条橹，每条橹有三个船工。船在水面上宁静滑动是多么令人心旷神怡啊！逃脱城市生活的喧嚣来到水上，这是多么愉快的转换！特别让我感到轻松的是，能够逃离画画时拥在我周围的人群。

因为急着想驶到更北一点的太湖区域，我们很快就离开了苏州。头天下午即来到木渎，停在一座造型优美的桥边过夜。刚将锚定下，便有好奇的本地人出现。许多人聚在岸上瞧我们，他们对我们中的女士和孩子特别感兴趣。我们这些男人太普通了，激不起人们的好奇心。

太湖光福

村民对欧洲女士和孩子最好奇，总想细瞧瞧、摩挲一下他们的衣饰。他们似乎还特别高兴见到肤色白皙、衣着讲究的孩子，中国人非常喜爱孩子。我听说如果一个外国人由一幼童陪伴的话，不仅能安全地在中国任何地方旅行，而且还会受到很好的待遇。

就是在这次旅途中，我对中国通向内陆、几百年来用以运输货物的江河有了初步了解。直到现在，四通八达的水路仍是中国这一地区（非常广大的一片区域）最主要的运输方式。水路遍及中国，像是一张巨大的网络，散布到远近各地。它们同时也是方便的灌溉水来源，既保证土地的肥沃与高产，也是运送产品的天然通道。中国纵横交错的水路极有效地利用了资金与人力，是所有人财富的源泉。虽然现在正加紧铺设铁路，其价值也一定会证实无法估量，但希望这些四通八达的水路不会因此废弃不用。

静静的水面上，这儿见到一艘吃水很深的帆船鼓帆前行；那儿是一艘小舢板；这儿又有一艘颇为现代的蒸汽船，突突喷着气，拖着一长列本地货船。满载的货物将船身压到水面，货物中有这片富饶的土地上生产的各种产品，也有运往内地的洋货。

我们经过的许多桥都由雕琢齐整的石块建成，有一孔，也有多孔的，很快就让人联想起威尼斯的桥。我不禁感叹，过去南欧从中国借鉴了多少东西，而现在反过来中国有多少东西得向西方学习，这就像钟摆的左右摆动一样不可避免。

光福石桥

离开木渎之后，我们很快就靠近一片丘陵地带，河水滋养着两岸大片平地。深耕过的土地上，作物生长茂盛，透着浓郁而鲜嫩的春绿。夹杂其中的是一片片金黄色的油菜花和散布在四处的树丛。高坡上，在远山的映衬下，矗立着一座高高的宝塔。这是多么美丽的风景啊！

人们正在田间辛勤耕作。有的锄地除草，有的抬着一桶桶液状物，往土里施，气味随风飘来。在中国什么都不浪费，但外国人对这种用恶臭的粪肥浇灌作物的方式不太赞同。他们要求大家当心自己吃的蔬菜，还经常强制人们彻底放弃蔬菜，特别是沙拉和生蔬。

岸上装有一种独特的机械装置，用来运水灌溉。一条长长的水槽伸入水中，水槽内装有带木片的传送带。有些装置由苦力带动，有些大的装置则由水牛来带动。清晨，当苦力或水牛开始他们单调又周而复始的劳作时，木头相互摩擦的吱扭声在沉静的空气中会传得很远。

我们来到一排奇特的石建筑——贞节牌坊前，它们也是通向当地一些名人的陵墓的入口。

船在穿过一个村庄时遇到了大问题。河道狭窄极了，船不时蹭到运河两边的房屋，当地人在窗后扫视着我们。船工们激烈地争论船通过的最好办法。人们拥在桥上看船缓慢前进，对我们及携带的行李品头论足。厨师趁此机会上岸采购鸡、蛋等，然后在前面回船。

苏州木渎

靠近光福时，水面渐渐宽阔起来，这一带太湖同英国的湖区有点类似。山丘有相同的特征，绿色葱茏、山坡低缓，到高处则崎岖不平起来。光福有一座巍峨的宝塔，这里的村庄很小，散落着几座庙宇。一座精美的三孔桥跨河而建。我在山坡上一个官员的陵墓前拍了张它的照片。

我们试图在附近一个平坦多沼泽的小岛上打几只鸟。但季节过了，鸟并不太多。我们的食品储存并没有因此大大丰富。

周围风景优美，我们逗留了几日。远足，观看寺庙，画画。船系在山脚一个避风的角落。许多当地人来探访，他们特别喜欢看我们就餐。我们就座时，他们会从船舱的窗户向内张望。但是他们拒绝照相或素描，如果对他们举起相机，或是假装画他们，他们一准会立刻别转脸跑开。

回程的路线大致相同。将所有景物重温一遍一样让人兴奋，似乎还更有乐趣。特别吸引我的是小村庄温塘里的一座桥，桥跨运河而建，桥上有一座别致的古老神庙。我画了张它的素描，前景是几艘鸬鹚渔船。

据我观察，用鸬鹚捕鱼的方法如下：船侧伸出一根横杆供鸬鹚栖息。渔夫用一根细长的竹竿轻点，那只被点到的鸟儿立刻潜入水中叼鱼。鸬鹚颈上戴着一个环以避免它将鱼吞下，回到船上，渔夫便取走鱼。

苏州吴门桥是大运河上最精美的桥梁之一。它由齐整的

鸬鹚渔船

青石砌成，高高的桥拱优雅地掠过河面。苏州很像杭州，但我感觉并不很美。尽管中国的俗语称："上有天堂，下有苏杭。"我在关于杭州的章节中会提到这句话。城内街道逼仄，有不错的店铺和照例熙熙攘攘的人群。顺便提一句，我认为这些狭窄的街道使人拥挤在一起，极度夸大了中国城市中的人口问题。

我们观赏了一下城内那座著名的宝塔。古塔历史悠久，高九层，底部极宽，建有双层墙，墙之间是楼梯。

第十章　杭州

乘船去平湖、杭州等地——画平湖孔庙——买瓷器——神龟——贞节牌坊——朋友欲照相——去嘉兴——留声机

友人热情地借给我一艘游艇，我便兴致勃勃地开始安排到上海周围的水域游览。第一周会有另一友人陪我同游。他想得极周到，在船上安了电扇，还备上足够用好几周的蓄电池。在近来日渐酷热的夜晚，这简直是最好的福音。"斯考特"号是艘宽敞的游艇，老大（船长）调遣全体6位船工。我的仆人同意在其他职责之外，再担当起厨师的角色。他做了充足的储备，固体液体均有。冰柜塞得满满当当，前甲板下又加了一个储备箱，里面是许多过滤或蒸馏过的瓶装水。我们万事俱备了。

5月底一个美丽的夜晚，我们全体登船。亲友们在轮船俱乐部的码头上向我们挥手告别，船缓缓驶出苏州河。我们

将船拴在一队本地船后，由一艘蒸汽船引领着，开进黄浦江。船在静夜中航行。仆人上茶后，我和朋友们便坐在甲板上欣赏风景。繁忙的水路上有许多船只，满载进出口货物来往于这个大商业中心及其目的地之间。所经之地多了，旅行者很快就会推测出进口货物的种类之广。甚至在小村庄里，也会看到为某某香烟、某某可可、某某肥皂或缝纫机做广告的中文海报。其中香烟的贸易量一定非常庞大，不用读统计数字就知道，商品必须满足这里广大崇尚节俭的人口的需要。他们在各方面都很节约，什么也不浪费。

连在前面的本地船上像是满载乘客。有的躺着抽烟，有的正准备晚饭，还有的在赌博。见到一大群中国人聚在一起时，很少不是在赌博的，这是这个民族中渴望风险的商人天性使然。

第二天一早，我们停靠在平湖，一个独特的小镇，具有纯粹的中国特色。当然也像所有中国城镇一样，四周是城墙。我很快发现了绘画素材，主景是水城门边的孔庙。河边突出的一小块土地是唯一能看到我的绘画对象的地方。它部分隐蔽在房屋中，也是唯一有希望能让我安静工作的地点。我明智地用棕榈油交换到了它。船工们清理好地方后，我即投入工作。但是，哦，这人群啊！我看到上百人成群结队地过桥来，绕到这里。当他们发现无法靠近我时，便聚在正前方，完全挡住了我的视线。

平湖城墙、寺庙和水门

于是船老大取来一条绳子，从我身边的墙拉到对面三四十码的地方，所有的人都被赶到绳子以外。船工沿线而立，以确保人群不越线。每天收工时，我将画展示给四周的人看。人们对我能这样做颇为赞赏。

附近的庙旁，有一口由精美的石栏杆围起的大缸，里面是一头巨大的神龟。我们抛食进去，它优雅地游到水面，向我们展示它那长约3英尺半的身躯。

我需要在镇上买些船上用的瓷器。似乎半条街的人都参与了我们冗长的讨价还价，店里和门口挤满了人。我花了一个墨西哥元多一点买了许多精美的瓷盘。它们的花样和色彩都很独特，富有艺术感。在英国得花五倍的价钱才能买到同样数量的盘子，而且样子相差甚远。但我的仆人看来却并不太高兴，他似乎认为我更适合用欧洲特色的东西。他指着这些盘子，对我发表的唯一评论是："都是一样的中国东西，没什么属于外国人的。"

我在附近见到一些叫作贞节牌坊的典型石建筑，是家人为纪念为丈夫终生守寡的妇女而立。其中几座由大块石材建成，横梁像做木活一样用榫连接，非常精美。

我的朋友是个热情的摄影家，擅长发现"好视角"。一天在河边走过时，他兴奋地叫道："啊，我现在知道从哪里可以照到那座宝塔了！"然后跳上看起来像是延伸到水中的一片土地上。哎呀！结果那地不是实的，他齐膝没入烂泥中。原

平湖贞节牌坊

来那是从河底挖出的淤泥，晾在那儿当肥料用的！我费力把他拉了出来，但上舢板渡河回船时，我不得不要求他坐到另一头去，然后派了个船工把他上下擦洗干净才让他上船。

在平湖逗留几日后，我们又起锚出发了。这次船工摇起两条大橹推动船前进，船航行缓慢但很平稳，不多久就到了嘉兴。这个古老的小镇一度很重要，但在太平天国运动时遭到严重的破坏，城内很多地方除了废墟一无所有。

我们将船停在海关码头上，很快，和蔼的镇长便前来迎接，他似乎对一位画家不远万里来到这里画画感到非常吃惊。他热情地带我们到周围转了转，还建议我们坐船去游览附近的一个湖。于是我们雇了艘轻便的中国船，由镇长和他的朋友们陪同前去游览。他的朋友将一台留声机带上船，当船航行在繁忙的水道上时，他放起流行的滑稽唱段，我从来没见过中国人笑得这么开心畅快。其他船从各方赶上来，尽量靠近我们，而我们的船速却渐渐慢了下来。我们问船老大怎么回事，他边笑边答道："老爷，没法摇橹了，太好笑了。"不过船还是驶到了湖上，四周有低丘，风景优美。我们游览了坐落在湖边高坡上的一座精巧的小庙。留声机又一次把当地人逗得开怀大笑。

第十一章　杭州租界

到达杭州租界——蚊子——西湖——堤岸——小岛——灵隐寺——箫石

在嘉兴,我们又接上一队由蒸汽船拖着的船只,在午夜向杭州进发。这次旅行的主要目的地是杭州及其近郊。上海的朋友已知会那里的英国领事,所以我们一到他便来迎接。领事馆独自坐落于运河这一边,与英、日租界隔河相望。

我们在此处只留了一晚,但这一晚真是险象环生。船陷入蚊子阵中,我从未领教过这么大的蚊子。从它们透过衣物咬我的招数,就可以推断它们有多强壮。终于挨到了凌晨,船又出发了,以尽可能靠近我预想中的主要写生地点。

西湖原来不过是一片沼泽。以前有个皇帝非常喜爱这一区域的美景,经常住到这里,因而把这片泽地改造成了一个美丽的湖。湖自西城墙延伸至山谷,达数英里。湖中有堤将湖面分割开,正是中国人擅长融合实用与美感的表现。

堤上盖有草皮，是很好的马道，还铺有一条窄路供行人散步。柳树成荫，让人倍觉满目葱茏。到处是独特的拱桥，桥上有旧门洞的废墟。

小马在拱桥的台阶上行走自如，像是天生就会这样似的。我那第一次骑马的朋友，却为自己是否过得了桥，会不会掉进湖里，担心坏了。湖中点缀着小岛，其中一组特别出众，由九曲石桥相连。岛上有亭台茶楼，和为纪念某位过世的显贵而建的寺庙，如今则是舒适的休闲去处了。

湖面延伸去很远，两旁青山依依。不时见到宝塔的遗迹，坍塌前必是中国人登高望远，陶醉于周围山川，追今抚昔的好地方。一句中国俗语说道：

上有天堂，下有苏杭。

眼前的美景让我深以为然。

这里的湖景与英国的截然不同，色彩鲜艳的游船缓缓驶过湖面，平静的水面泛起微微的涟漪。

请允许我引领读者们坐船驶过一片娇媚的粉荷，穿过桥洞，驶向那座宏伟牌楼的对面。牌楼位于皇家藏书楼[①]前，

[①] 应指文澜阁。位于杭州西湖孤山南面，原是清代收藏《四库全书》的皇家藏书楼。初建于乾隆四十七年（1782），咸丰十一年（1861）倒毁，部分藏书散失。光绪六年（1880）重建，现属浙江省图书馆。

074 | 帝国丽影

杭州西湖断桥

其原址曾是一座皇宫。请随我进入红墙之中这一方与世隔绝的净土，观赏它那精美的建筑和数千册藏书。现在我们经过已成废墟的红塔①，走向前湖。

让我们漫步去几英里外的灵隐寺，观看它那无与伦比的恢宏建筑。走几步，这儿有个小石亭子，像是一座大型建筑的模型。前面那些巨大的石柱是庄严法寺前门楼的唯一遗迹，一度金碧辉煌。尽管存世的寺庙只是过去的很小一部分，仍然堪称经典。庙内有精美的青铜香炉和几尊细腻的瓷瓶。

沿山谷中的溪流而上，就到了岩洞庙②，佛像均刻在坚石上，颇为奇特！岩洞部分似是天然，又经人工扩大。但像其他洞一样，阴冷潮湿。如果主事和尚睡在这里的话，他的住处一定很冷，那和尚倒是高兴地在向我们兜售香烛。

从这里向前就到了箫石。我的朋友们使劲对着那两个孔吹气，但还是听不到让它得名的箫声。我宁愿旁观，省点气力做更有意义的事。

中国这一带的景色之美真是无法用语言描述啊！

---

① 似指雷峰塔。该塔在明代嘉靖年间，遭倭寇纵火焚烧，仅存塔心，砖塔呈赭色。
② 似指烟霞三洞：烟霞洞、水乐洞和石屋洞，在杭州南高峰烟霞岭上下。

076 | 帝国丽影

文澜阁牌楼

第十二章　杭州城

北门——梅医生①的医疗团和他的宝塔——山中骑马——买古董石狮——苦力的骚动——我的银币被偷了——夜——萤火虫甲壳虫与青蛙——画水牛

杭州城是中国南部历史最悠久，也是最繁华的城市之一。它一度是中国的都城，如今仍是重要的贸易和政治中心。城内道路齐整，比广州、上海宽阔一些。店铺繁多，我在一间以卖扇闻名的店里，买了把扇子。扇面描绘的是从城墙眺望西湖及群山风光的画面，设计精巧至极。

北门是杭州的主城门。城楼高耸于城墙之上，雕梁画栋、建筑精美。城门在日落时或稍后关闭，关在门外的人在明早之前是无法入内的。除非像我这样，由达官显贵陪伴。一点

---

①　Dr. Duncan Main，中文名梅藤更，1881年到中国，在杭州设立"广济医院"。

078 | 帝国丽影

水牛耙田

小费①或礼物，就引得看门人从高处一扇窗里降下一个筐。误了时辰的游人坐入筐中，被吊起降到另一边。

杭州有一家由梅藤更医生主持的大教会医院，从属于大英圣公会，是中国最好的外国教会医院。梅医生本人拥有湖边一座小山及山上的宝塔，我相信他是在中国唯一拥有这样一座建筑的外国人。我并不特别了解那些同我一样来自英国的传教士在中国从事的医疗或是其他种种传教活动。我既没时间也无能力作这样的调查，但若是忽略梅医生统辖之下的这家医院所做的工作无疑是不公的。该医院有250张床位，包括一家27个床位的麻风病医院、一所产科培训学校、一座康复与肺病患者急救所，最后也是非常重要的是一所医学院。医学院有50位学生，它同其他设施一样，将对中国的未来产生深远的影响。

威廉·赛西尔爵士最近访问过这家医院，他说："梅藤更医生在杭州建立了极高的声望。同他一起在这座大城市四处走动，没人相信欧洲人在中国会不受欢迎。进入他的麻风病院，见到那些可怜的病人脸上绽开的热情的笑容，就知道人们爱戴他的原因了。管辖本省外务的官员告诉我们，新教各教会在杭州没有遭到过抵触。我认为这该归功于梅医生的影

---

① 原文作"kumshaw（tip）"，此词也被拼作cumshaw，一说是英语come shore（抵岸）的谐音，一译"金沙"。洋人乘船抵港时为他们服务的侍应、苦力等的赏钱、小费等，还有规礼、陋规银和礼金等含义。

响。"必须补充的是，我并非以笃信本教的某教会成员的名义在发表观点。

一次骑马游山，在一座小庙歇息，我见到一对古老的石狮，喜爱极了，很想买下。我的朋友帮我同住持和尚谈价钱，这是多么热烈的一番讨价还价啊！最后我得以买下石狮，付了定金，并安排我的朋友在次日带苦力回来搬走它们，付清余款。起初我不信能把这些又大又笨重的石头搬出山来，因山里并不通马路，只有狭窄的小道。但我的朋友打包票说这事很容易，还自告奋勇负责运送，于是我相信这一定行得通。次日一早，他便和老大及三个船工离船上山去，在路上又雇了几个搬运工。我只带着两个船工，像往常一样坐舢板沿河而上，然后上岸到西湖。游艇则由我的仆人和另一船工看管。

结束长长一天顺利的工作之后，我高兴地上了舢板。每晚他们都会将舢板驾到河源接我回去，不知什么原因，我注意到驾船的船工话很多，显得很兴奋。到了游艇边，船尾传来更多的聒噪声。没来得及上船，我就听见我的朋友归来了。于是我到岸上去迎接，告诉他肯定有什么事发生了。老大很快到船上把事情摆平了，他回来报告说："一个船工跑了。"我们立刻上船，进入船舱，只见一片狼藉，舱内箱子上的两把锁均被撬坏。打开一看，我的全部银币都无影无踪了。

原来留在船上的仆人知道我们一天都不在，想给自己放个假，于是自行离船走开了。剩下的那个船工，我猜他是不习惯承担如此重大的责任,为解闷,把我的箱子砸开,带着银币跑了。只有我那带着条铜链的钱包,因盖着几只袜子而幸免于难。

船工们的骚动不安立即得到了解释。按照中国的习惯,船工是老大雇的,他该为他们的品行负责。老大当然很郑重其事,宣布他应立即追贼去。因为有必要通知杭州租界的领事及警察,我们决定吃过一点东西之后在当晚即进城去。正准备出发,我们注意到船上变得异常安静,原来老大和剩下的船工们都下船追人去了,这意味着我们两人不能同时离开。于是我的朋友自愿去,而我则在船上留守。唯一陪着我的,是造成所有这些麻烦事的我的仆人。因为这一带最近常有走私盐贩或类似的人物肇事,加上不清楚那贼是否有同伙,我的朋友坚持让我们把枪上好膛。并说如果遇见船工们,他会告诉他们上船前大声通报一下。我会对任何不打招呼就上船的人开枪。

顺便提一下,我的朋友两天前还不会骑马。但现在每天得在马背上颠簸25至30英里,已经觉得没什么特别的了。这完全是为"形势所迫",英国人一般都会愿意这样做。

待他们都离开了,一切是多么宁静安详!没有月亮,但头顶闪耀的星辰使夜显得并不黑暗。多么安宁寂静啊!我一心想着工作,对自己第二天是否能够工作的担心远甚于财产不幸失窃。

我躺在甲板上的椅子里，沐浴在温暖的夜风里，享受这宁静之美。萤火虫在四周飞舞，想穿过挂了帘子的窗户向灯光扑去。蚊子嗡嗡叫着向我进攻，附近的沼泽里断断续续传来蛙鸣。牛蛙用它低沉的叫声宣布音乐会开幕，一声连一声，其他青蛙加入进来，直到夜空里充满了它们的歌唱。突然声音戛然而止，安静了一小会儿，那磨剪刀似的颤音又响了起来。多么生机盎然啊！

不久我便犯起困来，在这一片平和的闹声里入睡了。凌晨我被叫嚷声惊醒，我躺了一会儿，才回过神来应该是船工们。其他人在清晨都回来了，还带来我的朋友写的一张字条，大意是领事和警察今天要来看我。想到我在湖上的工作，我叹了一口气，但不得不听从。

早餐后我到岸上散步，没走多远就见到一幅典型的乡村图景。水牛在水田里耕作，为播种作准备。"啊！"我想道，"无须浪费时间。"我决定画下这个画面。我回船取画具，告诉仆人领事先生来的话，带他到我工作的地方。

劝服赶水牛的人继续干活让我费了点工夫。他想停下跑来看我画，最后船工设法让他明白了。几个铜币成功地让他牵住水牛在某个角度停下，摆完姿势后，他上前来看结果。我的画让他乐开了怀，很快召集其他种田的人来看这古怪的老外画的是什么。领事就凭围在我周围的这群人找到了我，我的朋友也从连夜追捕中归来。我们在船上用过午餐，讨论这桩失窃案，在谈论之后这案子也就不了了之了。我再也没见过那个船工和我的银元。被盗的后果之一是我不得不找人到上海再取些银元来。在乡间人们只承认银元和铜币，纸钞叫人怀疑。另外，超过一两块银元就很难换零头了。有几天我必须从仆人和老大那里借钱，幸而这样惊险的事件很少发生。

我在这让人赏心悦目的地方停留了好几个星期，完成了不少画作。

第十三章　告别杭州

友人告别——银行支票——扇铺——在城门画画——船工打人——路上的棺材——酷热——杭州城之夜——失火——告别杭州——大运河上——回上海

这时友人需告辞回上海继续原来的工作。遗憾地与这位快乐又足智多谋的旅伴告别，我又成了孤家寡人。但叫人高兴的是，没几天这境况就给打破了，另一位朋友周末从上海到这一带赏风景。我与他、友人、警察局长和租界的文官一起骑马漫游了一整天。那文官熟谙中文，对周围了如指掌，在我逗留期间帮了许多忙。

行程自然是骑马沿湖堤穿湖而过，上山游灵隐寺，最后以回到市区作结。

在市区，我们让来自上海的朋友挑了把扇子，进入西门时，我突然说到希望他身上带了些钱，他回答有外钞。"哦，"

我说，"没用，这里抵制外国银行，人们不收它们的钞票。"确实如此，最近连兑换一张面值很小的钞票都很难。不过我是在跟他开玩笑，因为我知道要去的那家扇铺收外钞。但作为银行的高级职员，他对自己银行发行的纸币竟然遭怀疑，甚至被拒收，颇为不忿。有一段时间是这样的，中国银行并没有相应储备支持自己发行的钞票，因此外国银行理所当然拒绝接受它们的纸钞。于是中国银行以抵制外钞作为报复，并敦促中国商人采取同样的做法。

扇铺规模很大，看来生意兴隆。见到它们那精巧的做工，我对这里的扇子能远销世界各地也就一点都不惊讶了。扇子由各种原料制成。有扇把、扇骨由廉价的藤制成的普通纸扇，有扇架是象牙雕刻、扇面全部手绘的精致无比的绢扇，还有许多由各种翎毛制成的羽扇。

店主递给大家的绿茶让讨价还价容易了不少，也给在酷暑中走了不少路的我们解了点渴。

北城门是我画画的主题之一，要走3英里才能到作画地点。一个洋人坐在小凳上，头顶一把白色遮阳伞，面前支个画架画城门。这样的情景恐怕在这儿从来没有过，于是周围照常挤了一群人看我画。船老大取出绳子围成一个三角形，他和船工们各司其职，把人群挡在外面。出城的人会直接就向我走来，挡住我的视线，于是有一个船工负责把他们赶开。

一次从作画中抬起头来，我好笑地看到船工拿了我的一

杭州北门

条皮带作出要抽一个男子的头脸的样子，叫他不要挡路。虽然我大声叫他住手，但还是忍不住笑起来。大家，包括被抽到的那个男子，都笑了。

坐在城门那儿，看各色人等进出是很有趣的一件事。那儿自然有乞丐，还有端着各种吃食的小贩。一会儿，出来一个坐着轿椅的小官，夫人的坐轿紧跟其后，前面则是他的红伞盖，队尾是一大群骑马的随从，看起来粗野少教养。他有可能很富有，大约是去乡间别墅小住。我忍不住将这位离开城市到乡间住地去的绅士与在英国与他有类似身份和财富的人相比。前者的地位由其随从的数量来衡量，而后者则是用智慧及其精干的外表来衡量。

一天回船时，老大贪近，挑了田间一条小路走。走到一地，他在前面回头看了我一下，使劲掩住鼻子，避到路的另一边去了。我紧跟其后，发现很有道理，原来靠路边躺着一具棺材，在这酷热的天气里居然敞着盖。

此时正值6月中旬，炎热无比。船舱内的气温计显示平均温度在华氏94°到95°。读者们很容易想象，在户外只有一把白伞遮阳，是什么情景。我穿得简单至极，但任何衣物都显得多余。尽管船舱的窗户罩了窗纱用来挡蚊子，夜晚依然让它们搅得难以忍受。电扇带来一丝微风，让人感觉好点。但最后连这都于事无补，我难受极了。白天还有些小风，可通常一到晚间都停止了。

西湖莲岛

我在这一带工作期间,每周三次从150英里之外的上海由蒸汽船运来一大箱冰块,在海关卸下,然后装在小船上运到我的所在地。这正是西方人理解中的文明进步之所在吧!这是多大的恩惠啊!它意味着我总能喝到冰凉的饮料,我的食物可以不变质,为此我特别感谢上海的朋友的照顾。

在这有趣的地方的最后一天,我住到杭州一位朋友家中。船次日在海关码头等我,以免去到达大运河前在小河流上航行的劳顿之苦。

我们在黄昏时分到达城门,离好客的主人住处仍有不少路。没等到目的地,天就全黑了。一个苦力在轿椅前打着纸灯笼,这是在黑暗的街上行走的必备之物。店都关了,因人造灯既贵又危险,人们早早就上了床。轿夫抬着轿子晃晃悠悠穿行在夜色中,我对这里的马路知之甚少,他们可以把我带到任何地方。但凭着对中国人的一贯信赖,我感觉就像在伦敦的街道上那样安全。这是段奇特的经历,在最后进入朋友的宅院之前,一直像是穿行在一座死城,而非活生生的城市之中。

次日凌晨与好客的友人作别后,我坐轿椅到海关与船会合,海关在4英里外大运河边的英租界中。出了城门,我发现像通常繁荣的中国城市一样,杭州城墙内的空间近年来已捉襟见肘,城区向运河方向扩展了很多。走过的街道均很繁忙。我知道夜晚之前无法离开后,便在日间逛了逛英租界内由英国管辖之下的本地街道。我们发现附近街角一栋房屋有烟冒出，当时我正同我的朋友警察局长在一起。人群聚集起来，显然是着火了。我的朋友赶紧穿过马路，在火蔓延开前，用几桶水把它浇灭了。当时正刮大风，那些质量低劣的木结构房屋，很可能像火柴盒那样烧起来。他说走到楼上时，发现一间屋子里烟雾弥漫，墙边有一个本地妇女在拜佛。就是她焚的香点燃了佛像边的纸。现在她又在祷告火神把火熄灭。火神托身于一位高大魁梧的英国人，用一桶水迅速扑灭了火，也救了她。

入夜后船队组成，我的船也挂上了帆。我告别了善良的朋友们，极其不舍地离开了杭州。

从杭州直航上海的水道很有意思。两岸土地平坦肥沃、广为耕作。作为中国最重要的航运系统，大运河上仍可见到过去着力维护的痕迹。而现在，它受到极大的冷落，可惜运河边整齐的石砌堤岸已损毁，河上的桥栏也荡然无存。不知中国人是否有一天会意识到，要保留低廉的水运方式，必须挽救四通八达的运河。目前他们雄心勃勃致力于铁路的发展，虽然铁路的优点不少，但中国绝对无法经受得住失去其古老运输方式的损失。

第二天日出不久我便上到甲板。果然是个好天，上天不时赐予我们这么一个日子，为了展示世界有多美丽。天空无比壮观，大堆积云闪烁着白光，间或有灿烂的蓝天从云层中露出。这样的日子让人能够欣赏周遭的美景，领略到生活之乐趣。

此时此刻，航行在这古老的运河上令人心旷神怡，任何风景都是美的。平原上有天空投下的一条条暗影和白光。一丛丛娇黄翠绿的树木环绕在一座寺庙周围。我们不时遇到或驶过一艘艘平底帆船，高大方正，张着席编的船帆，运载了各种货物。它们的样子极庄重，滑过水面时安静平缓，深色的船身和高耸的帆篷倒映在波光粼粼的水中，那种肃穆沉稳的感觉给我留下了很深的印象。

午后我可以见到远处高高的龙华塔，宣告旅程接近终点，上海快到了。我愉快地在那儿靠了岸，又一次得到前来迎接的朋友们的热情款待。我不无遗憾地告别了"斯考特"号游艇，在这艇上我度过了一段极为愉快的日子。

第十四章　日本

假期——与中国比较

6月末回上海时，天气热得像蒸笼一样。人人都苍白无力、无精打采，春天的活力已消失。虽然杭州也热得够呛，但我在户外，并没有闷在室内的、即使是那些坐在装着电扇等现代设施的市政府办公室里的人感觉那么热。

人们当然都穿上了最薄的衣物。晚上在静安寺路上散步或驾车是唯一凉快的时候，但也得很久才能感觉到凉意。大多数人在谈论到何处去避暑，现在不用出中国就有很多选择。有不少人去威海卫，烟台早就是个颇受欢迎的避暑胜地，而北戴河则是个新去处。许多人往内陆的山中去，追寻更大差别的去日本。

因听说中国北部室外热得无法作画，我决定到日本去度个短假。

我的亲戚准备北上去北戴河，邀请我之后去那里与他们会合。就这样我坐船出发往小小的日本国去了。我顺利到达计划访问的第一个港口——长崎。

港口的入口及外观让我想起苏格兰，特别是其西海岸。其实整个日本都是这样。树木繁茂的山峦延伸到水边，海港成为山的天然门户。

像所有日本城市那样，长崎绝大部分房屋是木结构，看似廉价而逼仄。人们的仪表显然比中国人整洁，非常西化。传统服装确实还有人穿，但只是苦力阶层。中上阶层的日本人着欧式服装，且都中规中矩，自然了无特色。

店铺非常有意思，足以让游人流连忘返，我们的船只作短暂停留。我与其他几位乘客用这时间在市内闲逛了一番，还坐人力车去了小渔村茂木。一路非常愉快，茂木位于长崎半岛的另一边，是个风景优美的小地方。日本与中国的巨大区别之一是，在日本，几乎到处可以见到设计和施工优良的马路。我们走的那条路沿山腰盘旋而上，在山顶通过一道狭窄的山沟和隧道，然后穿过层层梯田下山。一条巧妙分流的溪水，自山上往下逐级灌溉梯田里种植的稻谷。

茂木与我游访过的一些中国村庄差别很大。它的一尘不染显而易见，而后者是显而易见地尘土飞扬。尽管游人会觉得增加了舒适感，这种整洁却让艺术家感觉少了些特色。

长崎是那些艺术家未经许可、不得在该地作画的港口之一，其原因不明。我猜想，尽管受过训练，当地人仍然不懂得区别画画的艺术家和想描画他们某些要塞的工程师。但是任何小店都可以买到成打的明信片，上面有城内各处和许多堡垒的风光。

从长崎出发我们很快就到了著名的内海。晴朗的天气、舒适的日本东方轮船公司的"美洲丸"和同船投契的旅伴，使这段旅程令人心旷神怡。海面风平浪静，远处山峦起伏，色彩、光影不停地变幻，真是美极了。我想起航行至比特海峡及其他苏格兰西部海面的情景。两处极为相像，但日本的山林稀疏一些。当然见到的船只也不同，这里的渔船张着白色的大帆，浅色的木制船身未经油漆，渔民几近裸露的身体在阳光下闪着光。日本内海之美的确名副其实。

神户是旅途中的下一个港口。我们在夜间到达，在那里见到了一次极为壮美的日出，背景是暗色的神户市和山岭，天空绚烂的云彩倒映在海面上，浮光跃金。港口很繁忙，次日我上岸见了些朋友，逛了几个古董店，度过了颇为愉快的几个小时。精明的古董店主将仿古新作当古董卖给粗心的游人，但这些新作毕竟制作精巧，造型优美，而且也不贵，我想买家也不算太吃亏。

市区街道宽阔、楼宇高大、旅馆上佳，比长崎更为西化，也更具现代气息。

离开神户我们很快驶入外海，但一路上视野中几乎总有陆地出现。我们计划停靠在一个叫作清水的小港，装上一些茶。因靠近产茶区，这里正迅速成为发送茶叶的专业港口。神户和横滨要保留这一业务，面临不小的压力。此地不允许我们登陆。

次日一早，我及时跑到甲板上，见到了富士山——那座山顶平坦、常年覆盖积雪的圣山。这是我唯一一次看到它，壮丽极了！要不是天气不合作，我真可以再看它几眼。整座山陷在雾中，很快就消失了。

我离开"美洲丸"在横滨上了岸。在这里，至少在港口附近，房屋的大小和风格又显然是欧式的。马路质量优良，有轨电车四通八达。但再往前走，游人会发现本地风格的房屋，大多为木结构制造。我在这里看到想象中真正日本式的街道，街上悬挂着五彩缤纷的招牌和旗帜。大多数人都着色彩鲜艳的传统服装，蹬着高高的木屐来来往往。他们之所以用木跟，大约是希望增加高度。另外，我在这附近还发现他们穿木跟鞋的另一个原因：往边上一条小巷望去时，可以看到路面的烂泥足有几英寸厚。不过主路铺了齐整的碎石，路况很好。

我从横滨坐火车经东京去以风景优美著称的一座城市——日光。城内有众多著名的寺庙，内外装饰均美轮美奂。外形有点类似中国的寺庙，但总体更为华丽，屋檐饰有许多镀金饰物。日光的寺庙至少保存得更好一些，柱子和窗框上的朱漆簇新,像是昨天刚刷的一样。寺庙内部与中国的截然不同,后者通常暗淡肮脏,几乎没有饰物。而日本人在内部的精雕、镶嵌和装饰等各工序上似乎倾其所能。入内必须把皮靴脱在外面,换上特别准备的草编拖鞋。

这些寺庙都很优雅有趣,但并不如中国的那样给我留下深刻的印象。

日光风景优美,在某些方面很像苏格兰或威尔士山区,奔腾咆哮的河流很容易让人想起家乡的河水。我乘人力车游览了中禅寺,旅途很愉快。对于一个从中国来的外国人来说,这里的湖光山色足以使它成为理想的休养地,配备有现代设施的旅馆比比皆是。

通向中禅寺的路沿河盘旋而上。登临高处,在一地可以看到一道大瀑布,自极高的地方,穿透茂林,呼啸而下,气势恢宏。只因当时坐在由戴着伞状宽边帽、衣着简陋的苦力前拉后推着的人力车中,才让人意识到自己不是在英国。

举世闻名的日光杉树林荫道绵延数英里,我怀疑世上还有第二条路可与之相竞。据说它已有三百多年的历史,我还听说了一个关于这些古老巨树的来由的故事。

从前,一些富有的贵族各施手段资助建造这条通向日光神庙的道路。一个不太有钱的贵族说他将以物代款,在新路的两侧种上杉树。就这样,这些树至今仍装饰着这条道路,给行路人带去荫凉与愉悦。

杉树高大挺拔，树冠间的缝隙更为之增添情趣。我认为它们是日本最美的树木种类之一。

日光的各个寺院供奉各种不同的神，互相很相像，均秀美无比。

我的下一站是一个偏僻的小渔村胜浦。火车过东京后再坐几个小时的人力车才到了那里。旅途漫长，让人精疲力竭。到达后，人力车夫未经我的指示，就把我拉到了一家总旅店。旅店是本地人开的，其清洁和服务无懈可击。没人会说英语，我又不懂日语，那情景颇为好笑。

为了表示要一个房间，我把头枕在手上，闭上双眼。这很解决问题，我被带到一楼一间干净明亮的房间。拉开移门是宽大的阳台，可俯视小镇，并眺望到沙滩和海。为表示饿了，我把腹部的背心往外拉起，显得里面松松垮垮。很快就有食物被端到我面前，一点米饭、鸡蛋、茶。我发现没有面包和土豆，但他们拿来些小饼干，对我来说也是不错的替代品。可以说我在这里过上了一种简单的生活。

一天晚上坐在房间里时，有音乐旋律传来。让我惊讶的是，那竟然是《友谊地久天长》的曲调。走到阳台上，我发现音乐是从另一个房间传来的。两位演奏者，拉小提琴的是一个年轻日本人，由一位女士钢琴伴奏。我完全没有料到在这个偏僻的日本渔村里能聆听到来自家乡的曲调。

本地人显然不经常见到外国人。我在镇上的出现立即引来一群人，我走到哪里，他们就跟到哪里。我坐下画画时，他们几乎比中国人更为好奇。显然有人向当地警察报告了我的来访，他上前查看我在干什么，但似乎不以为意，随我继续工作。

东京是日本的政治中心。它部分建在低地，部分在山丘上。神社和许多其他美丽又别致的建筑实在值得花更多时间去玩味、游赏。

回程中我们停在下关海峡。海峡一边的城市以李鸿章与伊藤博文曾在此签署《马关条约》而闻名[①]，另一边是门司。城市均防御严密，严禁写生或照相。我受日落美景的诱惑，忍不住拿出调色板来，这在甲板上造成不小的骚动。船上一位日本军官立刻上前来告诉我写生是被禁止的，我反问难道天空的版权是他们所有，然后继续作画。一位高级军官又出面阻止，我因只是画大海及天空，拒绝停止画笔，他们不知如何是好。获取批准写生太花时间了，旅行者根本无法在短期内拿到，应建议政府简化此手续。

---

① 指下关，又称马关。

第十五章　北戴河

从日本返回——仆人的外衣——北行——威海卫——旅顺——秦皇岛——伞——到达北戴河——马车——驴——马鞍和缰绳——"调味瓶"——洗澡——1900年事件的标志——打暗枪——巨柳——村里的铁匠——暴雨和水灾——石头庙——郊区

7月末从日本返回上海时，天气仍很闷热，我只花了数天时间做离沪北行的准备。去日本时，我把仆人留下给朋友差用。因他熟悉我的习惯，当时我计划从头至尾一直雇他。因北方较凉，且迟些时候天气会转冷，我嘱咐他准备些必要的御寒衣物。他显然添了不少新衣裳，全套行头让我忍俊不禁。深色的缎袄，白裤上系脚口的带子上还绣了花。那鞋也漂亮极了：黑缎面，鞋底上方是一圈绿边。同样惹眼的是一把廉价的欧式新伞，白色金属伞柄相当精致。我几乎不敢向这位衣着光鲜的人物下命令了。

登上中国工程矿务公司的"开平"号之日，我们为能逃离酷暑而兴奋不已，能在海上过几天也很吸引人。查看船舱时，我好笑地发现仆人把他的新伞藏在一个角落里，我猜他是担心带到自己的船舱会被同舱的同胞占为己有。黄海虽变幻莫测，我们却很幸运，航行一帆风顺。黄河滚滚奔入黄海，海水因此明显呈黄色，浑浊且夹有大量泥沙，黄海之名名副其实。

船在途中仅停靠威海卫，几位乘客下船去那儿度假。威海卫对外是英国的一个海军基地，对于从中国各地来此一游的外国人来说，恐怕它作为休假胜地更重要，夏天这里气候宜人。不过我并不嫉妒那些不得不住在这个偏僻之地的人，这里的冬天一定寒冷彻骨。

离开威海卫，很快见到远处著名的旅顺港。那里是大个子俄国佬和小个子黄种人之间多场血腥战役的原址[1]，包括那场残酷激烈、旷日持久的旅顺之围。

清早到达秦皇岛时天气阴晦潮湿。因冰冻，大沽、天津河和牛庄港需封闭好几个月，中国工程矿务公司因此建此港口用来全年运送该公司的货物。港口刚建不久，在它开放及皇家华北铁路建造之前，冬季的天津同南方几乎完全隔绝，货物无法出进，而现在贸易可不间断进行了。

---

[1] 指日俄战争中在旅顺的多场战役，中文称旅顺口之战（1904—1905）。

坐火车只一小段路程就到了我们的目的地北戴河。我嘱咐仆人照看我及同行朋友的行李，但发现他一心看着他那把伞，竟置自己的职责于不顾。我走到他面前，拿上伞，说："仆人，现在我看好你的伞，你看好我的行李。"我走开时，他看我的眼神是多么的担忧！当一切安排妥当，拿回自己的宝贝时，他又是如何大舒了一口气！

到达北戴河站后，我们找到运行李的大车和供人骑的毛驴。车很重，动作迟缓。笨重的轮子由实木制成，有些还没有辐条。轮子无疑想做成圆形，但并不太圆。车辕套着骡子，奇数节点上拴了一头毛驴以增加拉力，很快我们就跨上驴子出发了。走过横跨在河上的一座摇摇晃晃的桥，我们上了一条被称为马路、实则狭窄颠簸的小路。到著名的海滨还得在这条路上走约3英里。小路蜿蜒曲折，有时几乎消失在地里。高粱是此地广泛种植的一种谷类，高大的高粱将我们也遮没其中。

我们翻山越谷，赶驴人大声呵斥这些可怜的牲畜，不过它们确实又经跑又稳当。人类面临难以跋涉的道路，而几乎没有其他动物能够通过时，立刻会想到并不很讨人喜欢的驴。我认为这种牲畜在仔细识别道路时，表现出近乎人类才有的知觉，几乎任何国家的旅行者都知道这一点。即使在驴的身材太小不够强壮的时候，人们使用的也是集马的高大与驴的敏捷稳健于一身的骡。

北戴河石头庙

我们使用的马鞍与缰绳颇值得研究。马鞍只不过是好几块加了衬垫的布片用生皮和皮带系在一起，马镫没有一对是一样的。我蹬过的一对非常大，古色古香，适合古代武士使用。另一对则是小孩尺寸的现代马镫，只有靴子尖能放进去。而前面那种，很难把那对大铁砣放准地方。缰绳是用绳子和生皮制成的，没有马嚼，抓起来又脏又不舒服。在此地期间，我骑着这种小毛驴，忍受着如此糟糕的装备，走了多少英里的路程啊。

这次朋友的北戴河别墅位于称为西角（West End）的地方，以与鹰角石（Rocky Point）相区别。我相信许多传教士最早是在鹰角石那儿建造避暑别墅，这里的建筑风格绝无仅有，无法用语言形容，主人戏称我们的别墅为"调味瓶"，它远看与餐桌上这一必需品出奇地相似。好几个蓝色的小圆屋顶，只缺顶上的把手就能提起来。不过我发现这一样是个惬意的住所，可观看浩瀚的大海和环绕海湾的巨大沙滩。我在"调味瓶"住，但在另一位好客的朋友那里过夜，他的别墅稍向西走。

在北戴河海浴舒服极了，老少皆爱。海水暖洋洋的，海浴者比在家时泡的时间要长得多。

我的亲戚在此地已待了好几个星期。我很开心见到他们，特别是孩子们，又变得黝黑健康。天气仍较热，正午时分我们还必须留在露台上。随着八月渐渐离去，天气也温和起来。

1900年，义和拳运动在这一带闹得很凶，外国人的财产因此损失不少。现在仍可见到宅邸的废墟，只有大约是墙和烟囱的一小部分立在那里。但重建时业主大多选择更靠近沙滩也更便利的地段，算得上是因祸得福了。而且，像其他地方一样，我想这里的业主也得到些补偿，所以损失可能并不是很多。从这些新建或扩建的别墅判断，北戴河兴旺繁盛的那一天应该为时不远。慕名而来的游人大多来自天津，坐火车很方便就能到那儿，但北京及其他地方的游客也不少。像我们这样的，为了能享受到清新的海风，从上海经过三天的旅程才到这里。

随着天气转凉，我们在附近郊游了几次，同时我也想找寻绘画的素材。一天，几位朋友邀我一起去打鹬鸟。抱着看风景的想法，我加入了他们。像平常一样，毛驴是我们的交通工具。路上经过在中国各处可见的许多房屋的废墟，坍塌的旧泥墙是旧时人口比现在更密集的见证。路过的几个村庄没有一个富庶的，人们看着都穷困潦倒、衣不蔽体。就算是宽敞点的房屋，比如村长居住的，也似遭过破坏，未及修整。野外山石嶙峋，但山谷地势平缓，耕种程度相当高，主要作物为高粱。路只是小径而已，马车车轮在路上压出深深的车辙印，其深度由大木车轮的轮轴决定。在多雨的季节里，路上溪流潺潺。骑行需格外小心，连毛驴都可能绊倒。尽管驴很少受伤，骑驴者会狼狈地跌进烂泥或尘土中。

此行我们必须涉过好几条小溪和一条大河，一些同伴看到大河后的脸色颇为严峻。但领队无畏地骑驴跳入水中，很快水便漫到了马鞍，我们其他这些人更为小心地跟随着。像我就把腿架到毛驴的脖子上，所以一点都没沾湿。最后我们到达了预计有鹬鸟活动的区域，几个苦力前去探路。这一带地势低洼，多沼泽，长满芦苇和灯芯草。苦力们勇往直前，泥常没到腰部，猎手随后入内。

那时我才理解为何领队并不介意过河时弄湿衣物。他知道追鹬鸟时，定会一样弄湿。我没加入捕猎，所以留在了干地上。猎手猎得了几只鸟，比在太湖时的收获要多一些。

朋友告诉我，途中会给我看有关树的妙景，他没有食言。在一个只有泥坯房的小村里，一棵巨柳几乎覆盖住一整座小庙。树下几个各村流动的铁匠使画面更为完整，他们正围着一个煅炉干活，敲打烧得发红的铁块。因那著名的诗句"在一棵翠荫如盖的栗树下"[1]，我们经常能想象到这种打铁的场景，但从未在英国亲眼见过。

铁匠一边立着一辆装有工具的独轮车，车上是打铁的全套装备，包括棍子、烙铁、风箱、煅炉，等等，边上还有几个大约是家族中的年轻人。在一个几乎没有路的国家，这种

---

[1] 出自美国著名诗人 Henry Wadsworth Longfellow（1807—1882）的 *The Village Blacksmith*（铁匠的村庄）一诗。全句为"Under a spreading chestnut tree, the village smithy stands."（在一棵翠荫如盖的栗树下，有一个铁匠村）。

只有一个大轮子的车辆无疑是最方便的,推着它可以在田地或山坡上极窄的小路上行进。我觉得此情此景正体现了纯粹中国乡村生活中的一面,不可错过,遂决定把它画下来。我高兴地发现这一绝妙的素材位于河这一边,不然的话,我需每天涉水而过,很可能弄湿衣物,然后湿漉漉的几个小时坐在那儿工作,这恐怕会打击我的激情。

次日我们准备出发,仆人把我的一些工具安装好带上。我总是拿着画,仆人狡猾地把大多数物件递给赶驴人拿。我想他是觉得自己需全神贯注骑在战马上,以显示自己的重要性。

没费什么事,我们就到了目的地。我高兴地发现铁匠仍在那儿忙活着,询问后得知他可能还要待几天,这真是个好消息。但当我开始支画架,放水彩画板时,他却停下活计,和所有伙计们一起来看我在干什么。很快整个村子的人都聚拢在我周围,但都彬彬有礼、笑容可掬,是天然的好奇心驱使着他们。我早有防备,预先准备了一根绳子。我把绳子系在棍子上,围成一个三角形,把他们礼貌地挡在一定距离之外。

很快铁匠回去干活,让我画我的画。看热闹的人们像通常一样,分散在我俩周围。随着时间的推移和画的进展,我发现这些看客们竟对画有赏鉴的兴趣。在英国,同样层次的人会来看一下即离开。他们却不是这样,而是互相讨论画的精彩之处(仆人告诉我)。他们观看时,将手遮在眼睛上方,做成望远镜的形状。

有时天气很糟糕，雷雨交加。我在这里工作的最后一天，突然下起一场大暴雨。我匆匆将东西收起来，靠在身边一棵树上，自己跑进庙里躲雨去。但雨下得如此之急，没几分钟，路上到处水流成溪。我们不得不穿过雨幕，疾跑去抢救我的画具，搬到庙里。在那儿站了大约半个小时后，不仅是路，连所有低地都积了很深的水。雷雨过后，除了整理装备骑驴涉水回去之外，也没什么可做的了。不久之前我坐着画画的地方现在已积了两英尺的水。但苦力们卷起了裤腿，驴子也不惧怕，我们就这样上路了。在路面低凹的地方，因为再也看不见那些深深的车辙，很难避开它们。

再往前走，我们发现平常一条浅溪，现在成了急流。可怜的毛驴们竭尽全力地行进着，好几次我们以为会跌倒，但又转危为安。就在快靠近北戴河的高地上，来往的大车和水流将路面磨出一个深坑。我在前面走着，听到一声惊呼，回头看到了骄傲遭受打击的一幕。我的仆人仰面倒在一片烂泥中，他的毛驴看着他，像是在说："你为什么那么干？"但是他还保留着本民族乐观豁达的性情，微笑着站起来，向我担保没受伤。

回去后，我得知那天北戴河附近的海面上暴发了一场巨大的龙卷风，其轨迹非常接近上将游艇的停泊地。莱姆顿中将乘坐该游艇已来到北部，大约也就在那个时候，我们听说了香港那次造成巨大损失和伤亡的台风灾难。自上海来的朋友们乘坐的轮船幸好在烟台避风港内，但延迟了到达时间，因此风暴后的那个清晨他们到青岛，要到晚上才有火车到北戴河，于是他们决定雇两艘小帆船把人员及行李带到北戴河。等到了那里，又出现了新问题，那里没有码头，汹涌的海浪使帆船难以靠岸。没人知道他们会从哪个方向来，于是他们的船开来开去一整天，想吸引人们的注意。傍晚时，我们中的一位绅士借助望远镜，辨出船上有外国人，才派了一艘渔船下海把这些又饥又累的旅行者接上了岸。

石头庙是北戴河游人常到的一处胜景。欧洲人这样称它是因为庙建在一处悬崖之上，精致的庙舍和茶馆与嶙峋的岩石相依。悬崖顶端是几棵古松，树冠平坦，枝丫盘结，像是自开天辟地以来就在那儿了似的。这是个在清新的空气中游览和野餐的好地方，处处都是令人赏心悦目的景致。往南，远处是海及渤海湾；往西，面前展开一幅优美的广角画面：原野微微起伏，宽阔的辽河蜿蜒曲折、奔流入海，远处是轮廓分明的昌黎山；东面的地形多山。过了鹰角石，远处是位于山海关——长城入海处——背面的山峦。难怪传教士、商人和官员都把北戴河看作度假胜地，他们可在此休养因天津或其他大城市的室内生活而导致的疲惫的身心。

我在前文提及自己住在一栋别墅，但在另一栋过夜的事。一天晚上下了场暴雨，在该就寝时，我发现就算打着灯笼也很难看清路。有两条路可供选择，一条沿海滩，较长；另一条穿过彼此交错的别墅院落和几个溪谷。我选了后者。尽管灯笼只能照见面前一点路，我在黑暗中跟跄前行。下到第一个溪谷时，我满以为自己识路，却发现趟进了齐膝深的水中。出来后，我在树丛中往山上走。一番跋涉后，见到了几点灯光。我朝灯光走去，克服了诸多障碍后，终于近到可以辨别出房屋来。我就在我的主人家的隔壁。但是，中间那一堵高墙，让我不得不重新来过，当夜绕了一大圈后才在床上躺下。

夜晚沿沙滩散步是件令人愉悦的事。朝西走去，看夕阳在昌黎山后落下，倒映在静静的河面上，多么辉煌壮丽！河边几艘渔船，渔夫一年中有几个月在岸上暂居。他们的棚屋简陋至极，几片凉席、帆布由弯曲的棍子支撑着，拴紧了以免被风刮走，像极了英国吉卜赛人的营地。尽管他们外表粗鲁，但对待买鱼的外国人却也彬彬有礼。

在我们到达北戴河之前，"调味瓶"经历过惊险的几夜。一个强盗试图闯进宅子里，被吓走后，第二夜又来了，结果被仆人和苦力抓住，绑在柱子上。直到找到最近的官员，审理此案后，执行了判决。所以我们也带了手枪以防备类似造访的发生。不过，这次及时的捕获和惩罚很好地杜绝了类似事件的再次发生，我们的武器也就没有用武之地了。

第十六章 山海关

第一次目睹长城——日本军队摧残文物的行为——恶劣气候——洪水——铁路桥被冲走——旅馆里挤满了等候火车的旅客——骑驴上长城——长城的传说

我下一段旅程是去山海关，路短易行。在山海关，我下榻于铁路旅馆（旅馆的情况本可以好的多）。火车站（华北铁路）离城墙约半英里，城市离海大约3英里。海边有大量外国军队的夏季营地，这些军队自1900年以来一直驻扎在华北地区。步行及驱车一段路程，我很快来到海边。看到喀麦隆山地军士兵在海中游泳玩乐，我的心情顿时舒畅起来。

就在这里，那件令人惊异的杰作——中国的长城，从群山背后翻越而下，在山下平坦的土地上蜿蜒伸展，在浩渺的大海边终止。此时此刻站在这里，背对大海，面向延伸而去的古老城墙，你可以想象出在远去的时代中长城完好无损的情景。现在任凭你的视线追随长城吧，它蜿蜒起伏，翻山越岭，穿过平地，越过河流，从这座古城旁掠过，为古城筑成一道外部保护屏障，然后渐渐地向上升腾，沿着陡峭的山坡攀爬，在山顶上从视野中消失。但是你知道长城仍在继续伸向远方，穿越着这片无垠的国土，只有宽阔的心怀才能孕育出这样伟大的构想。人们也许认为，在君主专制时代，实现这种构想并非难事，只要至高无上的暴君一声令下，他手下的臣仆便能通过奴隶的血汗劳动使之付诸现实。不管怎样，中国的长城仍不失为世界奇迹之一。

沿长城走着，在大海和附近驻有日本军营的城市之间，我吃惊地发现一处令人震惊的肆意摧残文物的现场。日本军人为练兵似乎在建造一个散兵壕或靶场，为此目的，他们实际上是在挖走长城上的砖土。如果是战争时期，这种行为也许还有借口，但在和平时期，对这种野蛮破坏这个世界奇迹的结构的行为，我找不到任何理由。我想日方的行为是没有与中国官方商讨过的，倘若日本人出于傲慢自行其是，那些承担责任的人应对自己的行为感到羞愧。呜呼！在中国的外国人对中国官方的权威又显示过多少尊重呢！

在滞留山海关期间，我又遇到了在北戴河曾遇到过的坏天气。暴雨下个不停，很快洪水开始泛滥。好几天我几乎都是被囚禁在旅馆中的。通往城市的道路无法通行，城市内的主要街道如同一条湍急的河流。我决定与一位同住在旅馆的

山海关长城

客人一道沿着铁路朝西走,因为我们听说那个方向的洪水在猛涨。经过艰难行走,我们来到一条洪水泛滥的河边,从铁路上越过河流,但发现对岸的轨道已经被水淹没。我们看见开往牛庄的晚班邮政列车从洪水中徐徐驶来,然后我们沿来路回到了旅馆。

在旅馆,我得知有人在找我。在北戴河,洪水涨得太厉害,乘客下不了火车,不得不继续乘车到山海关来过夜,其中有我的侄子,他从天津过来。第二天,我们仍无法离开,夜间邮列在山海关受阻,乘客被告知他们不能再往前行。听说至少有十座桥被洪水冲走,洪水将硕大的铁梁都扭断冲走了。完全是运气,才没有生命丧失。

许多要去西伯利亚铁路转乘回家列车的乘客,不仅行程耽误,而且也失去了他们预先订好的卧铺。一些乘客折回秦皇岛和天津,然后乘船经海上去了别的地方。但是好几天来旅馆仍然拥挤不堪,本来规模就小的服务更是应接不暇。有弊也有利,此时我却与一位来自北京的英国公使馆的人员结交成了朋友。当我告诉他我此行的主要目的是获得许可去画皇宫时,他热情主动地提出为我荐书公使,促成此事。

我与他及另外一位绅士一道外出游览,骑毛驴上山去观看长城。我们穿过城区后,发现只有一条小道,而且被最近几天的连续大雨冲刷得泥泞不堪。我们险些出事,可谓死里逃生。我们必须从一个长城凸壁的拱门下通过,我以前到过那里，我告诉朋友说，那个拱门已部分坍塌。我们刚刚穿出拱门，就听到轰隆一声巨响，不过我们没有停下来看个究竟。在归途，我们发现那个拱门完全坍塌了，不得不绕路翻越长城而行。

我们骑着毛驴上山走了很远，一直到那些毛驴再不能前行时，才下来徒步攀登。我们这时才真正体会到筑建长城需要付出多少长久而艰巨的劳动。

离开地面几英尺是坚实的石头结构，其上是大块砖头。我拾起几块碎片，发现这种砖并不坚硬，但却在那里度过了这么多个世纪！每隔一小段距离，每当有桥梁跨过溪流，都会有雉堞坚实的烽火台。

长城的伸展不管山崖多么险峻陡峭都挡不住，它以一种奇妙的方式，向前不断地延伸。在我们上方较远处，一个特别突出的烽火台建在山峰顶上，从那里能瞭望数里远。我听说将砖石运到山顶上的方法是这样的：将大群山羊放养在山顶，然后赶下山去，再让每头羊驮上一两口大砖。这些山羊随后慢慢地向山上爬回到它们的牧场。城墙的外侧即满洲里的一侧不远处，在一些突出的地带筑有要塞。从留下的废墟来看，其中一些原来肯定是有一定规模的。

站在这个山坡上，眼前的景色是多么壮观啊！朝山下看，不远处是城市，古老的城墙、城楼和城门。一座庙宇，因其独特的屋顶和粉红色的墙壁，在建筑物中显得特别突出。跨过城市，你看见的是铁路，钢轨不断地延伸，形成一条不间断的纽带与欧洲相连——横跨两大洲，将古老和新型的世界联系在一起。再往远看是璀璨的碧海，靠西边不远是昌黎山区，一条闪光的河流在山间时隐时现地穿行，因洪水溢岸显得格外醒目。向上看是荒芜的悬崖峭壁，宏伟古老的城墙在上面盘绕。在我们脚下是一群群的山羊在安详地吃草。光阴已逝，古墙犹存，也许它们是那些曾为建筑长城而负重上山的羊群的子孙后代吧。

山海关可以说是一个比较典型的北方城市。这座城市的布局为正方形，一条从南到北的主道和一条从东到西的主道交叉穿行市区。城墙与主道相交处是城门，所有的道路都在市中心的那座古老的鼓楼下汇合，城市的主道在鼓楼的拱门下交接。这幢古雅别致的建筑物岿然竖立，宛如在傲视周围的一切。鼓楼的上层还保存着遗留下来的鼓和其他响器，但现在已不再用。

街道都较宽敞，但路面凹陷，形同檐槽。这是因为发洪水时，由后面山上冲下来的大水冲刷而成。是时，所有的街道都成了湍急的溪流。但在干旱季节，飞扬的尘土却非常恼人。

几乎所有的建筑物都是一层高，屋顶基本都是平的，宽大的屋檐向前远远伸出，差不多都成了一个棚屋，但那些房屋却仍有遮阳装置。街道下凹得很深，在街道中心行走的骡

山海关道路

子的背部与路旁商店的地面正好齐平。街道没有人行道，在雨季，行人尽量沿道路两边倾斜的路面行走；在旱季，行人也许会在尘土飞扬的路中央行走。

土地的颜色呈浓厚的金黄色，在旱季太阳当头照时，非常耀眼。商店的招牌设计美观、颜色丰富、五花八门，每个招牌都能清楚地表示商店经营的商品。鞋店招牌展示靴子和鞋的精美设计。药铺的招牌是一块高大的石头，上面刻满了文字，肯定是在宣传其兜售的灵丹妙药。这些商店无须在前面陈列商品（商店的正面对我们来说本应是橱窗），正面都被精美的木制窗板遮挡起来。

因军营就在附近，本地人见到外国人已习以为常。但是我发现当我在街上坐下开始绘画时，我却吸引了许多人的注意，这原本不是我所期望的。有一会儿，我甚至担心我会像在上海和其他城市经历的那样，遭到当局的麻烦。幸运得很，这种情况并没发生，当地的几个警察帮我将围观的人挡在一定距离以外。那些店主发现我是在画他们的街道和商店，似乎乐不可支，都愿意从各方面给我帮助。

因我已将男仆派往北戴河，我现在的处境颇为尴尬。如果那些警察要找麻烦的话，那情形会更加糟糕，因为没有人为我翻译。我从旅馆雇了一个苦力，但他不会讲英语。看得出来，他在向围观者大肆谈我，大概在捏造各种各样有关他的洋主人的奇妙故事吧。我开始画一家旅店的招牌，招牌上

山海关客栈

有一盏灯笼。这种灯笼在夜晚被放下来,点着后,再升上去。这时这个苦力从我身旁离开,走到招牌前,将那个灯笼降下来,然后再升上去,明显是在向我解释其用途。乍一看,招牌像一个铁路信号牌,但我敢肯定那是一个旅店招牌,因此我尽能力照实画了。

第十七章　天津

离开山海关——到达天津——外国租界——白河——中式晚宴

从山海关坐火车到天津，一路景色变化多端。北面是伟岸的群山，南面可看见遥远的大海。我们跨越了数条从山上奔腾而下流入大海的河川，经过了许多大小城镇，渐渐来到了看起来像大片大片泥浆的平原，我们意识到已接近白河和天津了。不久后，我觉得像重新回到了西方世界。天津火车站非常繁忙，熙熙攘攘的人群中除苦力外，大多是外国人。行李必须经过海关，但那只是走走过场而已。很快，我就坐上黄包车，向我侄子家飞奔。在去北京之前，我将在这里停留几天。

我已经讲过，我来华北的主要目的之一是进入几座皇宫。据我所知，这些皇宫还从未被西方艺术家画过。我听说热河的老宫殿非常典雅，因此当我被引见给驻北京的公使朱尔典勋爵①时，我便迫不及待地请求他通过合适的途径将我的申请呈上去，以获得进入皇宫的许可。

在天津，经人介绍，我结识了一位即将去热河传教的绅士。由于他会讲中文，而且了解这个国家，机会难得，我欣然准备与他同往。在天津，我花了一些时间为以后的旅程做好准备。

1900年庚子之变前的天津已不复存在，原有的老城已全被摧毁，城墙也被夷平。取而代之的是由外国工程师督建、由中国人居住的一座现代城市，这座城市与各外国租界相隔一定距离。我认为在那里居住和经商的本地人应该能够从这种新环境大大获益，那些不得不光顾此地的外国人也应给他们带来好处。与原来的老城相比，新城虽然没那么别致多彩，却干净整洁。中国人商店的招牌、敞开的铺面及精雕细刻的木建筑，即使是新的，无疑很快会使街道充满画意，赋予它一种在其他任何地方都看不到的特色。

外国租界都很大，房屋幽雅，街道宽敞。在我去过的所有通商口岸城市中，这里各国的租界区分最为明显，仿佛在相互竞争发展。

---

① John Newell Jordan（1852—1925），英国外交家，清光绪二年（1876）来华，先在北京领事馆任见习翻译员，1888年升为北京公使馆馆员，1901年成为办理公使，1906年成为驻华特命全权公使。

122 | 帝国丽影

天津

我游览的更多的自然是英租界了。在那里有戈登堂（义和团围城时最坚实的堡垒之一）、设备先进的宾馆、高雅的俱乐部、公园、大商行、整齐繁忙的街道，呈现出一派繁荣昌盛的景象，尽管当时在远东地区一些商业中心的上空也许笼罩着不景气的乌云。美国1907年的金融恐慌产生了深远的影响。

外国人在天津的生活与在上海或其他城市大同小异，但天津的气候非常爽快、干燥。虽然夏天有一两个月高温，却是干热。听说这对少数人的神经系统有破坏作用，但我敢说这也许是在中国最有益于健康的通商口岸城市了。

天津在离租界外不远处有一个很好的赛马场。两年举行一次的赛马在本地是很大的活动，如同上海和香港一样，全是业余选手参加。

白河如中国其他河流一样，交通繁忙，大小船只熙来攘往。对于本地船只，天津是内陆交通的枢纽，其辐射面积极广。巨大的外国蒸汽机轮从这里驶出，不仅开往中国其他港口，而且驶向全世界。

天津是来自华北和蒙古地区的货物的汇聚地，大量的羊毛皮革等货物从四面八方汇聚于此，然后被运往西方国家的大市场。在英国，你我可以舒适地坐在家中，将脚安放在从天津贩来的由羊毛编织而成的地毯上，脚上穿着从那里运来的皮革制造的靴子，我们的女人身穿从遥远的蒙古地区用骆驼驮来的裘皮制作的奢华大衣。

我刚刚安顿下来，侄子就告诉我说，我兄弟公司的买办要举办晚宴给我接风。在此之前，我总是避免奢侈，相信在中国这样的环境中最好还是朴实些。因礼尚往来，我接受了这种善意的邀请。一个外国人被邀请赴晚宴，从习俗上讲，可以带一两个客人作陪。因此，我的侄子和德莱亚德尔先生与我同往。德莱亚德尔先生便是要与我一同去热河的那位绅士，他对语言和食物的熟谙的确管用，在中国城区的一家餐馆就餐时可帮了大忙。晚宴在一间布置奢华的宽敞房间举行，数张桌上虽已摆满了许多种菜，侍者仍然络绎不绝地呈上让人惊异不已的美味佳肴。我的胃口不大，所以可以精挑细选，但仍难以知道每道菜究竟是什么。我的朋友告诉我，桌上有许多可口的食物，但这并没有使我作出更容易的选择。我仅尝试了一两种菜，然后找借口说，因医生的关照，我不能开怀大吃所有美食。我特别注意到一个盘中盛着一种黑亮的胶冻状蛋形物，他们告诉我，这是一种稀有且昂贵的蛋，在土地中埋过很长的时间。我发现鲨鱼翅汤又粗又咸。

晚宴上，几个姑娘给我们表演，载歌载舞。在《驻北京使节须知》中有一节对中国餐宴的绝佳描写，几乎完全吻合我参加的那个晚宴：

中国的餐宴上菜的顺序与欧洲的截然相反。首先沏茶，茶具收走后，每人前面摆上两个小碟。然后上甜食和糖果、橘子、苹果、糖胡桃、白糖面粉裹大麻籽、油泡干杏仁及其他精美食品。再后是可口的肉类食物，鳖汤、竹笋、鲨鱼翅、鹿筋，其中最有名的是海参。所有胶冻状菜肴都是最昂贵的，最著名的是燕窝汤，看起来就像没有熬浓的鱼胶。最后上来的是一种白米粥。我发现用筷子吃饭开始很难，进食的方式是先将你的筷子伸到其中的一只碗中，将一点点食物转移到自己的小碟中。自始至终，这些小碟都不更换，筷子也不擦一下。如果你要向身边的人表示敬意，你就用你的筷子夹一点点菜放到他的盘中，他也用同样的方式回敬。这给餐宴一种不太雅观的混乱场面，因为你总得俯身越过两三个人去表示敬意。

菜肴非常丰富，但我认为极不卫生，桌上至少摆有六十多种不同的食品。我必须承认，尽管我的筷子伸到了每个小碗中，但是没有一种食物不是美味可口的。本地酒用与我们酒杯大小相仿的小杯斟上，味道很好，没有果味。

宴席刚刚结束，那些中国绅士们都从他们的靴子中掏出几张小纸（他们的靴子似乎可以容下各种东西，从烟草到国务文书应有尽有），擦干净他们的嘴巴和象牙筷子。随之而来的便是一道令欧洲人非常厌恶的中国礼仪，出于对东道主的敬意，表示吃得心满意足了，当地的良好习俗是打出最长最响的嗝。恒祺和那两位将军在酒足饭饱后，将他们的良好教养表现得淋漓尽致。在饮茶和闲谈中，我的第一次中国官廷宴结束了。我无法告诉你，以甜食开始，以汤结束，对我来说是多么的新奇。

第十八章　北京

晚上抵达——乘黄包车——拜访公使馆——申请赴热河的许可去那里的行宫中绘画——从内城墙看北京的粗略印象——皇宫景观——公使馆四合院——哈德门①大街

天津与北京之间是非常平坦的旷野，从火车上看去，甚是单调，但旅程较短，很快我就看到了远方城市的影子。在接近这座城市时，一切都显得平淡无奇。直到火车要从这座中国城市的外城墙穿过之时，你才开始意识到你正在接近一个非凡而神秘的地方。

这是一个10月初的傍晚，朦胧中，我开始看到高大的城门，靠右边是一座圆形建筑的尖顶，后来我才知道那是天坛的祈年殿。我们沿高大的内城墙行驶，其中有段城墙在庚子事件时对外国公使人员来说是恐怖极了。

---

① 哈德门即崇文门，又叫海岱门。

我们徐徐地驶进了火车站,这就是那条漫长的钢铁线路东段的终点,除窄狭的英吉利海峡外,它将最古老文明的首都北京与现代文明首都伦敦连接在一起。

因预期到热河的旅途有一段是公路,我没带多少行李,所以很快就出了车站,穿过水门进入了北京,当时被围的各国公使馆就是通过这道门得到解救的。自1900年来,形势已发生很大的变化,这道门现在由外国军队把守。穿过水门后是一条铺得非常平整的路,一边是运河,另一边是现代欧式建筑。我看到有幢楼房灯火通明,入口考究,门洞大开,那是六国饭店,一个现代入时的旅馆,在北京我就安顿在这里。

用完丰盛的晚餐,我叫了一辆黄包车,告诉苦力拉我去城里转悠一小时。我的目的终于达到了。虽然夜色已晚,我仍迫不及待地要观看这座城市。对我来说,从人造光亮中第一次去看一座陌生的城市,总有一种难言的魅力。顺便说一句,街道是用电照明的,这当然是现代社会的象征!溜达的时间不长,去时走的是使馆大街和哈德门大街,回时走的路不知其名。因为《时代周刊》的著名记者莫里逊博士住在那里,我们后来将其取名为莫里逊大街①。我已经看到了一点北京,于是带着一种满足感安歇了下来。

---

① 莫里逊故居在原来的王府井大街路西100号(今271号),1915年12月20日,袁世凯下令将王府井大街命名为"Morrison Street"("莫里逊大街")。

在北京的第一个早晨，我早早就起床忙碌起来，急欲看看这个了不起的城市。然而，我不得不施以耐心。尽管最近的暴雨和洪水给乡野造成了很大的破坏，使内陆交通非常困难，我的朋友德莱亚德尔先生仍在为去热河整理行装，我也不得不给自己作好准备。不久后，在10月早晨清新灿烂的阳光中，我向公使馆走去。只有那些知道在世界这个地方10月的天气是多么爽快宜人的人，才能体会我当时的感觉。我从旅馆出来，越过桥后沿路右行。道路一边是运河，运河穿过那道历史性的水门，另一边是一道围着公使馆的坚实高大的灰色砖墙。很快我便来到了我们驻华代表并不起眼的家门前，走近时，我看到军械闪烁的喀麦隆山地军士兵在换岗。对一个苏格兰人来说，没有比这再亲切的景象了。

我走进门一看，这是一个多么可爱的地方呀！我相信，在我们占有这个地方之前，这里一定是一座王府。我由一个本地看门人引路，走过大门旁的仆人住房，沿着一条宽敞平整的道路前行。道路两旁种满了漂亮的树木花草。右边出现一幢非常雅致的中式建筑，这是一个屋顶很大但四面开通的门厅。屋顶造型美观，所有栋梁和支柱都以正宗的中国方式粉刷得色彩绚丽。地面用石头铺盖，造型前面由石阶接引。穿过门厅和另外一栋形状相似但是部分封闭的建筑物后，我最终来到了公使的房子，仍然是原本的中式建筑。

在这里，那个中国仆人走到我前面将我引入门厅。门厅很大，装饰美观，木制家具上精致的雕刻很是悦目。稍等片刻，我被引到和蔼可亲的公使的私人房间。他非常热情地接待了我，在各方面对我关怀备至（我在北京整个期间他都是这样），他手下的工作人员也是如此。

他告诉我，我到热河行宫内绘画的许可证的申请文件已经通过外务部呈了上去。尽管是小事一桩，但仍须通过一些例行手续。申请时间虽然短促了些，但是他有把握许可证能够批下来。这时，我的运气来了。公使先生告诉我，公使馆获得许可让一批英国人在一两天内到北海参观，包括许多喀麦隆山地军军官和几位平民在内。因有一个人退出，他认为我可以代之前往。有这样的机会，我当然欣喜若狂。我知道一个外国人得到这种许可是多么的不容易，同时我的职业本能使我更加迫不及待地要加入他们的行列。

离开公使馆时，我的心情十分舒畅。公使的热情接待让人陶醉，马上就要去参观那样的名胜更让人浮想联翩。

因等待去热河旅行和参观北海，我能有些空闲时间到北京城内四周看看，对这座城市做一些了解。从内城墙上不同的地方放眼四望，你可以很好地观察到城市的规模和基本布局。我很快就惊奇地发现，城市最初的布局是经过十分周密的考虑和筹划的。

我说"一座城市"，但将其描述成三座城市，甚至还有第四座城市在正中心也许更准确些。譬如说，一位游客在前门旁的城墙上观看。内门在主城墙内，上面是一个门楼，但是从主城墙向外延伸出一座巨大的方形城墙，上面的门楼非常适于防守。伸出的城墙占地面积很大，在它的两端是用于一般交通的城门，通过城门后交通在内中门汇集，外中门只在祭祀大典时才打开。内门的上部分在1900年被摧毁，完全是重建的，是这类建筑的一个很好的范例。城墙拔地而起，有相当的高度。每层楼的地板和伸出的各种各样的屋顶都由巨大的红色柱子支撑。整座城楼色彩绚丽，金碧辉煌。从这看来，现代中国人似乎并没有失去他们设计建造这种建筑物的鬼斧神工。

前门是内城墙的主门。假设游客站在这段城墙上，展现在他眼前的是向南延伸的外城，外城东西向的宽度是南北向的两倍。城墙脚下便是火车站。远一点是一条窄窄的水带，即那条古老的护城河。道路从河上一条宽敞而雅致的汉白玉桥上通过，桥上的栏杆设计优美。桥那边是座巨大的上了漆的木牌楼。

再向南笔直望去，你可以看见主街道一直伸到外城的城门——永定门。城附近有许多简陋不堪的房屋。越过这些房屋，在路的两边是一大片空地，空地的两边种了许多树。左边的树绕着天坛，右边的树绕着先农坛，这些神奇建筑物的楼台和屋顶在树丛中时隐时现。

现在往北看，你可以看到几乎方方正正的巨大的内城。

皇城位于正中央，由朱红色的围墙环绕。紫禁城和北海又在其中央。

北方人征服全国，在建造首都、设计城市的布局时，非常重视自己的安全。他们先将被征服的汉人和自己分开，把他们拒之于自己的城外，然后再用一道墙将皇宫再一次围起来。

在城墙的北面，宽阔的御道从前门附近开始，然后进入紫禁城。这条通道只有在国事盛典时由皇室成员用，他们由此往返于天坛举行祭祀。通道的第一部分，即旁人可以看到的那部分，是一个用石头铺就的巨大的方形庭院，周围由一道做工十分精美的半封闭的汉白玉墙环绕。围墙年久失修，只有石柱顶端才隐约可见原有的白色。一条路绕围墙的三面而行，路面泥泞不堪，大多已被行人和交通损坏。由于道路邻近主城门——前门，所以交通十分繁忙。这里行人、黄包车、平板车和其他车辆川流不息，骆驼队、骡队、驴队络绎不绝。所有这些都从那个狭窄的门洞中出入，推推搡搡，吵吵嚷嚷。在门洞的正中站着一位本地警察，拼命指挥着流往不同方向的交通。雨天，他就站在大石门槛上避开烂泥浊水。路面是用石块铺成的，年时已久，车辙密布，坑坑洼洼，下雨时情况十分糟糕。

在这个巨大的庭院的那边，高高屹立着第一道皇城的城门。城楼黄色的屋顶在阳光下闪烁发亮，宽大外伸的屋檐下是朱红柱子和漆得非常美丽的斗拱结构。在高耸的城墙上放眼看去，是更多的黄色屋顶和红色围墙。

远处，在景山上，更多的黄顶红墙在树丛中时隐时现。谈到树木，北京可以称得上是树林城市。从高处眺望，是大片大片的绿色，屋顶在这儿那儿隐约可见，黄色的皇宫俯瞰一切。

从前门到哈德门的这段内城墙现在由联军把守，以确保外国使馆的安全不会像1900年那样再次受到威胁。所有使馆现在都在所谓的使馆区内，南面是这段内城墙把守，东、西和北边有各自的围墙和护壕作为屏障。在使馆区外是一大片空地，这是在1900年义和团事件后将许多民房拆除形成的。当时，义和团就是利用那些房屋作为掩体攻入英国公使馆的。

在使馆区内，人们很难相信自己是在中国，更不相信是在北京。这里已完全欧化。宽敞的街道，碎石铺的路，平整的人行道，良好的排水设施，等等，我相信所有这些改良都发生在1900年后。公使馆和海关的楼房及那几幢私人楼宅几乎都是现代建筑，风格幽雅。在使馆区内只有一个大的商店，外国人不允许在北京经商，除非是买卖侨居的外国人的生活必需品。六国饭店也在水门附近，所有公使馆都占地宽敞，任何中国人如果没有充足的理由，是不许进入使馆区的。当我的男仆在我前面走得太远时，他总会被拦下来盘问。回想过去，人们会感到这种谨慎是正确而必要的。

　　我走过使馆大街，进入哈德门大街。可能因为这是一条主要干道，我马上就看到了不同的景象。我又回到了中国！这条街又长又直，而且非常宽阔，实际上是将内城这一部分从南到北分成两半。我相信这条路在几年前还是一条（老式的）深深的积水沟，行人、车辆和牲口沿着它在泥泞和尘土中艰难行走。现在道路中央部分由碎石铺垫平整，路两边是深深的排水沟。在排水沟和房屋之间是一条宽敞的车行道，但车行道坑洼不平，尘土飞扬，下雨天满是泥泞。人们在这新路与旧道之间种下了一些幼树，这显示出中国人在采用新事物时仍然保持了他们的审美观。在这里，一种奇特的现象出现了。不重要的人员、骆驼队、骡车、马车、手推车等等此类繁忙的交通，都被疏导到旁边陈旧坎坷、路质低劣的部分行走，而大多为中国官员乘坐的四轮马车则行驶在坚实优良的新路上。黄包车、外国人驾驶或乘坐的各式车辆、官员和外国人用的北京两轮马车也允许通行。许多次，我都看见满载的马车陷在旁边老路的泥坑中。

　　因大多数古玩店都聚集在这条大街上，许多外国人都来这里。但如果下雨，在这条可怕的老路上，从一家店走到另一家店是非常扫兴的。在街上不同地点，巨大的带装饰性和纪念性的牌楼横跨街上。其中一个非常引人注目，那是为纪念在 1900 年被杀的德国公使克林德①而立的。

如同我前面所说，这座城市规划得很考究。宽敞的道路从一个城门连通到另一个城门，在城市中纵横穿过，将整个城市分成一个个方块，因而外国人较容易找到自己要去的地方。这与广州或其他的中国城市大不一样，那些城市道路狭窄且弯曲复杂。

当然，从东到西横贯城市的街道须要岔开绕过紫禁城。主要街道多少都重新用碎石铺过，路况甚好。但是支路小道仍然很差，如果去走走，感觉不会太好。然而，就市容整洁而言，北京较我看到过的其他中国城市要先进得多。北京有一支庞大而训练有素的警察队伍，我发现他们在指路时非常负责并乐于助人。住在这座城市的有来自世界各国的人士，这里的人自然已习惯四处都见到外国人，不会产生好奇心。在哈德门和类似的街道，那里的商人看见外国人出现，都抑制不住心中的喜悦，向他们热情打招呼。对这些旧家具和古董商贩来讲，外国人是他们最好的顾客。外国人出价最好、懂得最少，这两个特点使得店主十分高兴。

---

① Baron von Kettler，生于 1853 年，德国男爵，曾任德国驻中国广州、北京等地领事馆领事，于 1899 年出任德国驻中国公使，1900 年 6 月 20 日被清军击毙。牌楼是清廷战败后按德国人要求建造的，始建处在西总布胡同西口，横跨东单北大街，当时叫崇文门大街。第一次世界大战德国战败，1918 年 11 月 13 日，中华民国北京政府将牌坊迁往中央公园（今中山公园），将坊额改为"公理战胜"。1953 年 10 月，亚洲太平洋地区和平会议在北京召开期间，再次改名为保卫和平坊。

游览北京而不去光顾这些商店是一大损失。我在这些商店里度过了许多美好时光,看到了许多十分美丽的商品。北京家具与广州家具非常不同,北京人大多用一种色彩美丽的红木,雕刻是浅浮雕,有时非常细腻。北京也是整个华北地区各种古玩的聚集地。

中国人有很好的鉴赏能力,而且购物精明,外国人只要跟着他们做就行,但是现在的价格甚为昂贵。我经常听人说,类似的古董在家乡也可以用与北京同样便宜的价格买到,而且质量也一样好。

直到前不久,北京一直是一个不太容易来的地方,即使到了这里,住下来也不太舒服。况且,对于西方人来说,北京或多或少一直是一个神秘的城市。怪不得,当最近几年旅行来北京变得相对容易而且住下来变得相对舒服时,这座城市就逐渐演变成远东地区的旅游中心,西伯利亚铁路使人们在 15 天内可从伦敦到达北京。也许我们很快就会发现,不管代价多高,北京将是富人们一年内进行短期旅行的时髦旅游胜地。

第十九章　游北海

　　乘车去北海城门——蒙受接待——中国皇宫——建筑与装饰——青铜器皿——白色大理石灯笼——莲湖泛舟——皇帝的软禁室——九龙壁——白塔一瞥——御花园

　　我被纳入参观北海的团体，十分欣喜，连忙叫了一辆黄包车赶到公使馆。到那里后，我发现参观团团员已是迫不及待地要去参观那座神秘的皇宫了。几年前，英国公使馆被围困时，墙内挤满避难的人，一道道威胁利诱的布告和敕令就是从那座皇宫向我们现在所处的公使馆发出的。然而，我们今天却要作为贵宾去参观那位专制君主慈禧太后的皇宫了。
　　我们的团体由二三十位女士和先生组成。许多是喀麦隆山地军军官，有几位是来北京旅游的游客。我们由公使馆一位官员陪同而行，大多数人乘黄包车，几个人乘四轮马车，有几位乘机动车。是的，在1908年的北京乘坐机动车辆！

第十九章 游北海 | 137

我想当时有两辆机动车,由一位外国企业家所有,作为出租用。城市新建的道路和通往颐和园的御道使得驾驶机动车成为可能,但是机动车也只能在这些道路上行驶。

我们从南城墙西段的城门进入皇城,然后沿紫禁城的城墙外侧行驶一段距离。这道墙是所有城墙中的最后一道,呈朱砂红,极高极厚,上有雉堞,每隔一定距离有瞭望塔。在城墙的角上,瞭望塔看上去像亭子,漂亮的屋顶分几层,上面盖着御黄色的瓦,墙顶上也是盖的这种瓦。城墙下是一条白色的护城河,或称壕沟,里面盛满了水。我们左转弯,穿过一道有卫兵把守的城门,进去后是一大片空地,我们仍在紫禁城外。我们走过这片空地,来到宫殿和景山之间的神圣境域。

景山位于宫殿的北边,上面建有各种用黄色瓦盖的亭子和寺庙楼阁,从上面可以眺望整个城市。然而,我们不允许参观这座山。我们来到一座内门前,从各式车辆上下来聚到一起,等外务部派来的高官接待。很快,他们就出现在门内,穿着各种颜色的官袍,袍子胸部和背部的精美刺绣表明他们的官级品位,脚穿高筒缎子靴,头戴从后面伸出孔雀毛的帽子,看上去如在画中。他们的穿戴与周围环境十分相配,而我们这些相貌平庸、穿着现代的外国人才是这幅画中不协调的色调。在我们被一一介绍后,他们带我们入内。整个地方虽然已显出岁月的痕迹,但维护得还是较好,听说自1900

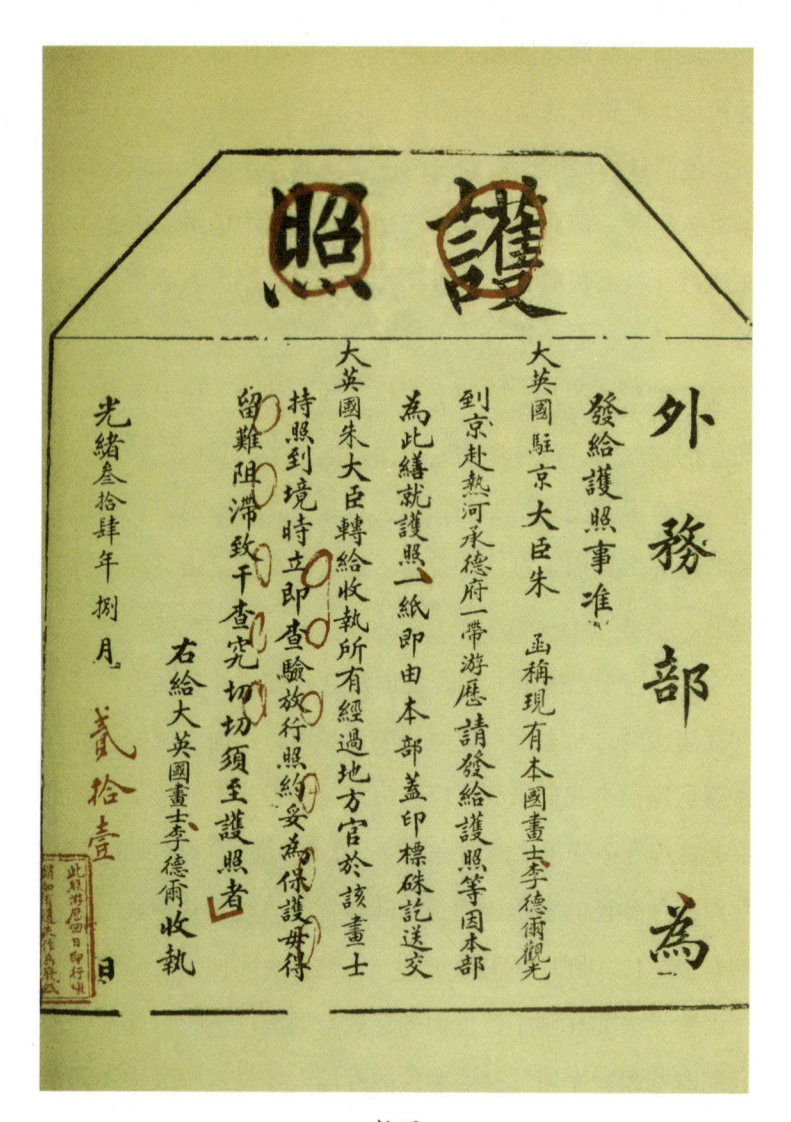

护照

外務部為發給護照事准

大英國駐京大臣朱函稱現有本國畫士李德爾現先到京赴熱河承德府一帶游歷請發給護照等因本部為此繕就護照一紙即由本部蓋印標硃記送交大英國朱大臣轉給收執所有經過地方官於該畫士持照到境時立即查驗放行照約妥為保護毋得留難阻滯致干查究切切須至護照者

右給大英國畫士李德爾收執

光緒叁拾肆年捌月貳拾壹日

年来修缮宫殿花费了许多钱。这里的建筑物造型与寺庙一样，要说出哪个是寺庙、哪个是大殿或住宅还真不容易，也许后者的木制花格窗更显眼些。有些窗子在花格上装有玻璃，但更多的是糊上一张薄纸。木工做得精致，设计也多样。

在欧洲，我们认为皇宫是一个庞大的建筑物，但在中国并非如此。中国的皇宫由数个建筑群组成，是以其设计和布局而不是以其大小给人留下印象，另一个特点是这些建筑物的庭院宽大。

在罗马，如果你从前面的大广场走近圣彼得大教堂，教堂总是显得十分雄伟高大，中国的皇宫和楼阁也因同样的方式得到这样的效果。

穿过这个大庭院，我们来到一个长方形的大厅，然后又走进一个巨大的庭院，我相信这里是他们经常会晤贵宾的地方。在这里，你可看到给朝廷主要官员分派的位置。这里有许多屋顶，都盖着黄色的瓦，在阳光的照耀下，金光闪烁，灿烂辉煌。屋脊上装饰有象征性的动物，在阳光和阴影中呈种种奇形怪状，屋顶上弯曲的山墙末梢也以怪异的形状向上翘起。在庭院的那边是大殿，只有达官贵人才能进去。

这里的建筑物是多么的奢华啊！漆饰华丽的木制品，如同中国所有同类装饰品一样，都是以龙占绝对主要位置，以蓝色和绿色孔雀尾为陪衬。我饶有兴致地看到，这种装饰露出非常明显的现代气息，这当然是在慈禧太后返宫后修建的。

一些屋梁上画着带有电灯的建筑物和街道、海景和现代战舰等。

庭院中有令人惊叹的青铜制品：牡鹿、仙鹤、比人还高的大理石灯笼、镀金的金鱼缸。确实奢华，但有节制，这只会美上加美。

中国人非常清楚，如果一件精美的作品，不管是艺术品还是工艺品，要将它的美完全展现出来，必须在其周围留有空间，单独放置，这样才能看到其全部效果。

我与大家一起往前走，但我觉得自己恍惚在梦境一般，真像是梦。我以前从书中读到过这样的地方，但是现在很难相信我实实在在是看着这个地方。我们乘划船渡过白莲湖，除因船过在荷叶中留下几道清水痕迹外，整个湖面似乎完全被植物厚厚地覆盖了。我们驶近一个岛①，上面是囚禁皇帝的地方——一座漂亮的监狱，凉亭别墅和古雅精致的小花园俱全，但仍不失为一座监狱。这里是那座奇妙的汉白玉桥②，现在再次变得神圣起来，只有统治者才能使用。这座桥几年前像这里其他所有的东西一样，被残暴的入侵者和愤怒的复仇者肆意践踏过。不远处是一座华丽的黄绿两色牌楼，牌楼后是举世无双的九龙壁。九龙壁很大，十分壮观，上面的装饰是高浮雕的龙，绚丽的色彩无法形容。在九龙壁上方高高

---

① 指瀛台。
② 指金鳌玉蝀桥。

耸立的是白塔，为一代皇帝信奉此教的妻子建造。谁敢说中国人不宽宏大量？各种宗教在他们中间共生并存，甚至发扬光大。

我们沿着弯曲的阶梯和崎岖的小路攀山，看见更多美丽的汉白玉和青铜制品，接着我们沿一道又长又直的阶梯爬到了山顶。皇城、紫禁城、白莲湖、景山及我曾有所闻的一切奇迹都展现在眼前。它们都躺在我们的脚下，在阳光中闪烁发光。更远处是内城的城墙和城门，以及西边山丘隐约的轮廓。

在这座神话般的宫殿中，最美丽最安详的地方也许是皇帝的花园。那里绿树成荫，阳光斑斓，石铺的小径两旁满是汉白玉雕刻和青铜艺术品。这是人们沉思的理想场所，但我们甚至连只看看这些奇迹中极小部分的时间都没有。

我们观看了一些私人房间，但不允许入内。这些房间装有玻璃窗，透过这些窗户，我们能够看到房间的家具陈设都非常精美，木雕架上摆着细瓷花瓶。

我渴望能在这样的仙境中绘画，但知道这是毫无希望的。这并不是因为我的要求已经被拒绝，而是因为我们接到通知，皇室很快就会从颐和园回来。

我们又上了游船，从湖上徐徐驶回。团队中一些人扒下一些莲花作为参观的纪念品。我们又坐上了黄包车，北京著名的北海再一次变成了梦。

第二十章　天坛

失望——不许去热河行宫绘画——天坛——进入天坛庭院——祈年殿——皇帝的斋宫——祭坛

在计划出发那天前的晚上，一位公使馆工作人员来访，带来一本去热河旅行的护照，但是同时也带来一条消息，去那里行宫绘画的许可证的申请被拒绝了。公使馆的朋友向我建议，如果我去热河的话，也许应该能在到达后就地申请到。但是，对我这个具有西方头脑的人来说，这可能性似乎太小、太不可靠了。我觉得，希望那么渺茫，不值得我做一次艰苦的旅行，特别是加上暴雨连绵，洪水泛滥，道路泥泞，因而要绕道远行。经过长时间的讨论后，我非常不情愿地决定放弃这个旅程。我请求德莱亚德尔先生到热河后写信给我，尽可能告诉我那里的所见所闻。

然而更使我烦恼的是，这次申请被拒绝也明显地意味着我去北京或北京附近的皇宫绘画也毫无希望了。如同在我们自己的国家一样，"红丝带"（繁文缛节，官僚作风）在中国也存在。在随后的几周，我一直冥思苦想怎样去解开那根红丝带，它阻挠了一个毫无恶意的画家去中国皇宫绘画，使他不能将自己对中国皇宫之美的感受记载下来，展现给自己的国人欣赏。我觉得唯一的方法就是向他们表明我的意图——只是为了艺术。同时，我在北京搜集绘画的素材。北京的素材丰富，尤其是在 10 月，一年中气候最宜人而最没变化的季节，再没有比这里更理想的地方了。

我决定去画的最著名的地方之一就是天坛。对于欧洲人来说，进入这个地方是十分容易的，在每道门付一毛钱（约两便士）就行。普通游客参观天坛中多少殿坛就付多少次款。

天坛的入口在外城，离内城约两里。我叫了两辆黄包车前往，我乘一辆，我的男仆乘一辆（新男仆，是我天津的一位朋友暂时借给我的）。我的大部分绘画工具由男仆背负。我们离开旅店，跨过运河，经过美国公使馆，沿着皇宫宽广的入口行驶；从高大的前门下穿出，从美丽的汉白玉桥上越过；穿过一座高大的牌楼，然后来到一条又长又直又宽敞的大路上。道路两边摆满了各式各样的货摊，货摊后面是商店。这条路开始一截是用碎石新铺的，路况很好。向前行驶一段距离后，又是一座设计精美的汉白玉桥。我们没从这座桥上通过，而是朝旁一转，从一座普通的木桥上驶过，那座桥是专供皇室用的。然后我们开始在老路上颠簸，距离虽然不长，

144 | 帝国丽影

北京天坛斋宫

却绕了不少的路。我们很快又向左转离开了这条路，来到了中国最伟大的殿堂所在地的外门。殿堂由高墙围着。

付了一毛钱，进入大门，我发现自己置身于一个大院，颇像一个英国的大公园。里面绿草遍地，大树参天，饲养着一群群将用于献祭的黑牛，看起来很像"黑安格斯"牛。我们乘黄包车快速穿过这个庭院，来到另一面高墙前面，墙上开有三个大门。从这里开始，我们必须步行。

我们又付了一毛钱，从一个小旁门进入。里面又是庭院，但我们可以看见建筑物了。很快我们来到另一道墙前，更多的门。又交了一毛钱进去后，祈年殿的全貌就展现在我们面前。这座宏伟的建筑呈圆形，高高耸立，一层层的游廊和栏杆都是由汉白玉建成的，上面雕满了龙、鱼和其他为这个神秘的民族所喜欢的神话中的飞禽走兽。

这里的建筑造型就像中国的所有建筑物（宗教的、皇家的和民用的），显示出数字三或三的倍数所具有的特殊重要性，一个神圣的标志。这里有三个大理石的石台，一层高于一层，第三层便是大殿自身。

这座建筑物由着了色的大柱支撑，上面是三层檐，琉璃瓦呈一种奇妙的蓝色。在灿烂的阳光下，这些蓝色的瓦和红漆的木建筑与闪烁的大理石栏杆和游廊交相辉映。这真是世界上最为壮观的景象。

我参观了其他不同形状的殿堂，它们都展现出极大的美。

北京天坛祭台

其中一座殿堂的顶用绿瓦盖成，因其色质，十分醒目。

从祈年殿开始是一系列的殿堂。皇帝来这里举行祭天圣典时，每个殿堂都要用到。在所有带屋顶的建筑中，最后一栋是皇帝的斋宫。其造型别致，着色典雅，屋顶用的瓦也是那种妙不可言的蓝色。皇帝就是从这座殿堂来到那个巨大的露天祭台的。祭台呈圆形，由两道砖墙环绕。墙由泥灰粉饰，漆成红色，墙顶端盖着蓝色的瓦，每隔一定的距离便开有一组由三个门洞组成的通道，每组通道都有一组又高又大的简易牌楼。

祭台用汉白玉建成，三层石坛朝中心向上升起，在最上层的正中央放置着一块平石板。中国人认为这块石板占据宇宙中心的位置。

在祭坛的外围，人们可以看见一些烧掉的供品和用于献祭而杀死的黑牛。

我对这个当今最美丽壮观的建筑典范的描写是那么可怜的贫乏，用尽我所有的言辞都无法描绘它。然而，不管是谁，只要他站在斋宫前面的庭院中，观赏这片景象，都会为之倾倒。你首先看见的是高大的石门，简单而粗犷的美。这与层层向上的祭台上设计精湛、雕琢细致的汉白玉形成对照，更衬托出其细腻的美。华丽无比的屋顶，蔚蓝的天空，太阳在那古老的石坛上洒下灿烂的光辉，将栏杆的阴影投射在地上，将石阶上的精巧工艺显现无余，将所有这一切润色美化，绘制出一幅我从没看到过的最美丽最感人的画卷。

此时此地，如果能看到那些神秘的祭典仪式在这个国家的野蛮辉煌中举行，我还有什么不愿意付出呢？

对这座美丽的庭园中许多其他的殿堂进行描写也许是多余的，因为那些较小的殿堂看上去大同小异，同时我也担心这些小殿堂与那些大殿堂比较，会显得暗淡无光。

我在这个幽静之所度过了许多日子，非常舒适地绘画，自带午餐，享受秋天灿烂的阳光，偶尔还可看到一个外国游客在导游带领下四处游览。在这些日子里，旁观我的人仅仅是几个雇来在庭院除杂草的苦力。我说几个，是因为他们好像故意留下许多人不干活，而且就连他们也把大部分时间都花在聊天上。

我注意到外国人要进入这个地方是多么容易，这可是中国最神圣的地方呀！1900年前情况可不是这样，当时我们的军队占领并驻扎在这个庭园里，以后便有了进入的权利。有一天，我在祭坛的外围坐着静心绘画，听到许多靴子稳健的踏步声。我惊奇地看见，从围墙的门道（就是那个皇帝专用的门道）中走进一队喀麦隆山地军士。他们径直从石阶踏步而上，然后四处分散站着，从"宇宙中心"欣赏这片美景。

我懂得，除开高官外，很少有中国人看到过这个地方，因为对他们来讲，要进入这里是很难的。我相信，从来没有一个中国女人被允许进到这个庭院的围墙内。有一个外国人在中国某部中任高级官员，与妻子一同驱车去参观这个地方。当时他们还带了一位客人，一位年轻的中国女士。她被拒绝入内，什么办法都用了，就是无法说服守门人让她进去。我那两位朋友没有她在一起就不肯进入，所以他们没有参观那些殿堂便返回了京城。

虽然普通中国男人不允许入内，但是一个外国人的中国仆人进入却不会遇到阻碍。我的仆人一直跟我在一起，能参观这样的地方，他真是欣喜若狂。

丁韪良[①]在《震旦论丛》(Lore of Cathay)中曾说道：

当中国人受到指责，说他们忘恩负义，不去敬拜他们赖以生存的神灵时，他们会异口同声地回答："阻止我们去拜神的不是忘恩负义，而是敬畏。神太伟大了，不是我们可崇拜的。只有皇帝才有资格在天坛献上祭品。"与这种心态吻合，皇帝作为臣民的高僧和与神灵的联系，在北京用极其奢华的形式举行祭天仪式。

天坛昂首屹立在首都南部的城门内，由一片神圣的园林环

---

① William A. P. Martin（1827—1916），字冠西，美国基督教长老会传教士，道光三十年（1850）来华，在宁波传教。咸丰八年（1858）任美国驻华公使列维廉的翻译，参与起草《中美天津条约》。同治二年（1863）到北京设立教会。同治八年（1869）十月二十三日，经总税务司赫德推荐，出任京师同文馆总教习，直至光绪二十年（1894），历时25年之久。光绪二十四年（1898）得二品官衔，受聘为京师大学堂总教习，至光绪二十六年（1900）卸职。曾协助张之洞在武昌筹建大学堂，未果。还讲授过国际公法，翻译过有关西方基督教、国际法和自然科学方面的书籍。

绕。园林面积是那么大，以至于其绿荫的沉寂从未被尘世的喧嚣打破过。

天坛是个单塔，其盖瓦灿烂的天蓝色代表着穹隆的形状和颜色。

天坛内没有任何画像，庄严的仪式也不在塔内举行，而是在塔前立着的一个大理石的祭台上举行。一年一度，一头小公牛作为祭品被焚烧，皇帝本人则匍匐在地，敬拜在天之灵。

这是中国人敬神的圣洁地带，游客觉得在这里的庭院中应该脱鞋行走。

理雅格[①]博士，中国古典作品的著名翻译家，在写了以上文字的几年后参观北京。他在登上这座雄伟的祭坛前，的确将鞋从自己的脚上脱了下来。然而，1900年，这个神圣的地方却成为英国军队的兵营！

因为这里从来没有过粗俗的偶像崇拜，这个山顶仍高高屹立，超然于重重波涛之上。在这座孤独的祭坛上，仍可看到一线昏暗的原始信仰的光芒。

在纪念看不见的神灵的碑上，刻写着那位至高无上的统治者的名字，上帝！当我们凝视着匍匐在他面前的这个伟大的帝国时，当烟雾从他燃烧的祭品上袅袅升起时，我们情不自禁地回想起撒冷王被正式封为"至高神祭司"的年代。

---

① James Legge，1840年来到中国，不久出任香港基督教英华书院的院长，开始从事中国典籍的英译。从1861年到1886年的25年间，将"四书""五经"等中国主要典籍全部译出，共计28卷。1873年，理雅格离开中国时，已是著作等身，他的《中国经典》《法显行传》《离骚及其作者》《中国古代文明》《基督教与儒教之比较》《中国编年史》等著作在西方汉学界占有重要地位。

第二十一章 雍和宫

描述——吵闹之屋——喇嘛弟子——一人的骚扰——与众和尚的友谊——露天礼拜——和尚的念珠——一堂绘画透视课——大佛——喇嘛的服饰

喇嘛寺建筑群位于内城东北角，作为著名的康熙皇帝之子的皇宫而建造，其入口在哈德门大街的北端。在第一个门道的前面，有一座装饰十分美丽的牌楼，堪称精品。那里的僧侣和门徒的名声都不好，人们告诉我他们的地位是最低贱的，我也相信，但我对此并不在意。我关心的是他们是否会让我安安静静地工作。我穿过第三个门道，走进一个宽敞的庭院。庭院内地上铺垫平整，四周由一道红色的高墙围住，墙顶端盖着黄色的瓦片。眼前一座黄色屋顶的寺庙，从庭院中拔地而起，一段石阶梯由下至上与其连接。在每级石阶的末端，是一头巨大的做工十分精美的青铜狮子。喇嘛教徒直接受皇帝的恩宠，可使用帝王的黄色。

在庭院的四个角，分别有一座双层屋顶的六边形建筑，内有纪念碑。大门附近右边的那座建筑被当作鼓楼使用，说得更准确点，可将其描绘成响屋。这里不光有鼓，而且还有其他响器，在指定的钟点便敲出十分刺耳的声响，呼唤并指挥门徒去参加各种不同的祈祷式或典礼。还有一种号角，由肺活量很大的喇嘛看门人吹响，发出一种可怕的呜呜声。声响将一批批的门徒召唤到庭院中。他们都穿着黄袍，年纪约十二三岁到二十岁左右，他们的到来使得庭院更加喧闹。

人们看到我立起画架，放上白色的画板，都跑了过来。他们在我周围拥挤，离我那么近，我几乎都喘不过气来。开始他们都拒绝离开，于是我叫我的男仆将他们推开些。但他吓坏了，根本不敢那样做。我要他去劝劝他们，他却找了个借口说，他们"不是中国人，都是喇嘛"。因此，我不得不弯腰用肩膀将他们向后推，留出一个小圆圈。他们对此很不高兴。

幸运的是，这时那个刺耳的号角又吹响了，转眼间，我成了孤身一人。他们都向庭院的中央跑去。几位和尚到来了，明显是他们的师傅。这些青年被分成几组，每组都有一个师傅，开始向他们高声训话。当时有六到八个小组，师傅们都同时讲话，徒弟也不时插入，真是嘈杂声一片。我开始纳闷，在这种喧闹中我到底能工作多久。然而，在中国各地几个月的工作经历已将忍耐深深烙在了我的价值观中,这种喧哗的场景正是鲜明的野蛮美。

庭院宽阔,地面平整,两边点缀着几棵小树,巨大的黄色屋顶的寺庙,宽敞的阶梯向上与其相连。这一切都给这一组组身着黄袍的弟子营造出一个令人难以忘怀的背景。他们先是分组聚集,然后根据新的信号,全部加入中央组,并围绕着一个僧师在石头地面上跪下。这时,太阳高照,一切都沐浴在灿烂的阳光中。这边一棵树或房屋的一角投下一块阴影,更衬托出那边的阳光灿烂。新的黄袍加上红色内衣和蓝色套袜,因陈旧褪色黄袍的映衬,显得更加夺目。

这种露天的崇拜活动和训导每月举办一次,我能在第一次参观喇嘛寺就看到这样的仪式,的确很幸运。我后来总有意在这种场合去那里,因而不会像第一次那样成为喇嘛弟子的好奇对象。

在那个地方的第一二天,有些弟子总给我发难,总是站在挡住我视线的地方。我要求他们移开,他们极不情愿。有一天,一位个头较大的年轻人特意站着挡住我的视野。我做手势让他离开,他却置之不理。我叫我的男仆去告诉他,说他挡住了我的视线,请他向旁边挪挪。他向男仆说了些什么,但仍没有移动。男仆很不情愿地告诉我:"他说这里属于他,不属于你。"我悄悄地放下调色板,突然冲上前去,一把抓住他颈上的围巾,将他拖过庭院,推出门外。我不声不响地

154 | 帝国丽影

北京喇嘛庙

走回来继续绘画，并对男仆说："现在属于我了。"围观的人都笑起来，认为我开了个大玩笑。

到这时，我可以说我已经与好几位和尚交上了朋友，因为他们使那些弟子走开不要挡住我的视线。以上事情发生后的一两天，像往常一样，庭院中挤满了人，我坐在其中。突然我身后轰隆一声巨响，旁边一些人也惊叫一声，但这只是有惊无险而已。一块砖头从墙那头扔了过来（我想是朝我扔的），但没伤到任何人。另一天，那个年轻喇嘛或是另外一个（我没有太注意，所以分不清）又站在我前面不肯走开，我通过我的男仆进行规劝。这时一位和尚看到了这种情形，他毫不犹豫地取下念珠（又大又重的珠子，通常挂在左耳上方），走到年轻人面前，用念珠朝他的光头痛打。年轻人负痛逃避，绕着庭院跑，僧人尾追痛击。他满脸笑容走回来，叫我的仆人告诉我，如果再被骚扰，我应该痛击来骚扰我的人。但是他的惩罚已足够了，他们再没来麻烦过我。

有一天，我与一位和尚进行了一场非常有趣的没有言语的争论。我注意到他在与我的仆人和其他人交谈，同时指着我的画和画的对象。通过仆人翻译，我懂得他在说："你的画不对。""为什么？"我说。这幅画是一张附图，寺庙有三座门，中门的前方有张木椅（在我的画中被其他物体遮挡）。在一些典礼上，这所寺庙的活佛就坐在这张椅子上。从我的视角看去，那张椅子看起来像是处在最西边那座门的下方

（实际上椅子在中门前方）。因为那位和尚知道椅子在中间，所以他说我画错了。我将他向前拉了拉，把一支铅笔竖起举在他鼻子前面，叫我的仆人告诉他从铅笔处望过去，看看椅子在什么位置。我拉着他走到中门的前方，再次要他从铅笔处看过去，然后再往前面走一段。这次，他发现椅子在东门下方了。我又回到画上，显示给他看，我是怎样将我看到的景象绘入画中的。他明白了，郑重其事地向我磕了个头，然后向人们讲解并演示这种现象。后来许多天，那位和尚总是将别人带过来，向他们展示一位粗浅的艺人教给他的绘画透视的奇妙所在。我认为，就我在这所寺庙中绘画而言，这桩小事倒是帮我获得了较为舒适安静的环境。在那里，除开一些小的例外，人们总是满脸笑容地向我问好，不再来打扰我。

我经常将午餐带到这里来，人们都十分好奇地看着我用餐。他们中许多人（喇嘛、苦力，偶尔也有些蒙古族人）跟随达赖喇嘛而来，就住在这座寺庙里。

在这个喇嘛寺院中，一座寺庙里有一尊巨大的佛像，70英尺高。如果攀上楼梯去看画像的可怕面容的话，人们可以看见那些巨大的转经轮——一种能大量献上经文的简捷方式！

我们还是从凉台上眺望那些美丽的屋顶吧。这不得不使人纳闷，那些构想并建造了如此美好的事物的人怎么能够使他们的神看起来那么狰狞可怕呢？我相信这里有一条规定，一座建筑物一旦被皇帝居住过,在他登基时,必须变为一座寺庙。因为皇帝是天子,所以凡人是不能继他之后住在这里的。在我看来,这条规定肯定会增添大量的寺庙。我已经听说并阅读过有关资料,这里有两到三千喇嘛教徒,的确是个大数字。

他们的衣着很显眼,一种耀眼的黄袍,只是在宽长的袖子内露出一点点蓝色。他们的鞋也是同样的颜色,内袍是深红色。他们头戴硕大的黄色帽子,形状像头盔,边上镶着羽毛,听说这种形状象征藏区的一座神山。

第二十二章　孔庙与国子监

石鼓——圣梯——国子监——琉璃牌坊——黄寺

离喇嘛寺一石之遥便是孔庙，与其毗邻的是国子监，两者现在都成了对过去无声的记忆。庙里可以看见几个僧人，庙的形状与其他纪念这位伟大导师的庙宇非常相似。即使是在两千多年以后的今天，孔子的话仍然是金科玉律。寺院中长着古老的柏树，非常美丽，据说有一千多岁了。这里还有十尊石鼓，分两列排开，不知历史有何等久远。

最令人惊叹不已的，是那座极其美丽的汉白玉圣梯，梯级中间是一块巨大的汉白玉石板，上面布满各种精雕细刻的图案，龙当然占有绝对主要的地位[①]。

国子监更加寂静，没有人烟，须猛力敲门才能使得一个行动拖拉的看门人打开大门，收取费用，然后让你进去。这

[①] 据描绘，应是大成殿的云龙雕刻石阶。

个地方长满了杂草，确实非常安静。也许正是这种在中国如此稀有的安静，使我认为这是个让人心旷神怡的地方。在这里，我可以坐上几个小时都不会有人来打扰。在喇嘛寺，我身边总是挤满了喇嘛教徒和其他的人群。经历了那种喧哗后，这里的安宁令人陶醉。

庙堂本身是一幢精美的建筑物，在汉白玉阶梯和行廊上立起。庙宇四周是一个由汉白玉栏杆围起的池塘，池水平静，长满莲荷，几座汉白玉桥从水塘上越过。窗户和支撑双层屋檐的大柱的木工十分精致。建筑物的顶端是一个硕大的金球，球上的黄金仍在阳光中闪耀光芒。

四处都立着石碑，上面刻着九种经典。在大门内几英尺之处有一座巨大的琉璃牌楼，牌楼的三个拱门用汉白玉镶边，楼的上部呈绿色和黄色，顶部绚丽多彩，盖的是黄色的瓦。整座牌楼是一件华丽非凡的工艺品，与紫禁城中白莲湖旁的那座有些相似。

另一建筑群是黄寺，在北面城墙外约两英里处。我参观这里的时间是1908年10月，当时达赖喇嘛就住在这里。因为他的个人自由和安全受到严格保护，所以我只能参观一部分建筑物。我们参观了乾隆皇帝为扎什喇嘛建立的衣冠冢，一座汉白玉纪念碑。扎什喇嘛在来北京弘法的途中死于天花，

国子监琉璃牌坊

他的遗体被送回了西藏①。这是一座富丽堂皇的建筑,多少带有一点印度风格,颇像乾隆皇帝在颐和园建造的那座。纪念碑旁栽满别致的杉树,吸引了许多中外游客参观。然而,这座建筑的东边那部分对我更有吸引力,尽管那部分建筑在义和拳运动时遭到严重毁坏。这里庭院是那么宽阔,汉白玉梯级和宽广的行廊闪烁着粗犷无拘的光辉,延伸到巨大的厅堂。这些都使得这座建筑显得壮丽辉煌。绚丽的黄色屋顶因向上翘起的屋檐,将下面的木结构都显露无遗。

我看到一队喇嘛身着黄袍,从一座寺庙中出来,无声地疾步走过庭院,然后攀上那个宽大的楼梯,消失在大堂之中。不久,从里面传出诵经的声音,一种令人抑郁的吟唱,接着是敲鼓声和其他奇怪的声音。

黄寺专为从西藏来弘法的喇嘛而建。达赖喇嘛和他的随从就下榻在这里,许多随从在东段尽头的那部分扎营住下。他们的服饰看上去很有特色,人和马驹、帐篷、靴子都混为一体。北京的小贩与他们讨价还价兜售物品。西藏人迫不及待地想要买汉族人的和洋人的商品,汉族人也急于获得西藏人带来销售的或穿戴的各种小装饰品和古玩。我成功地买到

---

① 1780年,六世班禅额尔德尼巴丹益喜(1738—1780)抵京,驻锡在西黄寺,在此讲经弘法,12月2日,因病在西黄寺圆寂。1781年春,清政府派理藩院尚书博清额,护送六世班禅的骨身舍利金宝运回日喀则的扎什伦布寺。1782年,乾隆为了纪念六世班禅,在西黄寺里建造了六世班禅衣冠塔,称清净化域之塔。

北京黄寺

了几串颜色漂亮的绿松石珠。

那里还有贩马的蒙古族人,急着要将马驹卖给我们。那些马虽然毛有些乱,但看上去还健康。

达赖喇嘛在这里停留的时候,许许多多的蒙古族人都来拜见他。这座寺庙和城市之间是一片平地,许多蒙古族男女骑马飞驰。他们都是优秀的骑手,衣着十分怪异。女人身上戴着大量的珠子,又将银色的装饰品离奇古怪地戴在头上。那时,我在城里的街道上常常遇到这些长相狂野的人,他们成群结队喧闹地骑马行走,仿佛瞧不起那些安静的市民,而那些市民似乎也不是特别渴望与他们打交道。

第二十三章 十三陵与南口

旅行——舒适的旅店——骑驴去十三陵——第一牌楼——"圣墙"旁的巨石——毁坏的桥梁——大殿——陵寝——繁忙的交通——通往蒙古地区的门户

现在从前门外的京张线火车站乘火车去那个著名的关口和十三陵比较容易,任何去北京的游客都不应错过这两处名胜。

乘车去火车站颇为辛苦,但火车旅行是美好的,沿途的原野也充满了新奇。火车大部分时间是在广袤无垠的平原上行驶,在地平线上,人们能够看到分隔北京和蒙古地区的山脉轮廓——修筑长城的人没有很好考虑过的天然屏障。

不到两个小时,我们(我与几位朋友一起旅行)便到达了南口车站。车站离村镇大约1英里,正好在关口的入口处。关口是从北到南的一个天然门户,几百年来,来自各国的人们都得从这里通过。过去，成群的北方武士也把关口用作他们袭击北京周围富有乡村的桥头堡。

车站附近有个小旅店。旅店舒适干净，是中国人开的，烹饪较好的西餐。我们就把它作为我们短暂停留的总部了。我们很快找来了去十三陵要骑的毛驴，毫不迟疑就上了路。骑了几里路，涉水过了几条小河，经过了几座村庄，古老王朝的那些墓地便跃入了我们的视野。我现在开始意识到，即使从北京来的这段路全程都得骑毛驴，那仍然是非常值得的。

地平线上隐隐约约呈现的是什么样的建筑精华呢？我们逐渐接近，能看得更清楚了。这是通往陵墓的古老神道的开端。一座巨大的汉白玉拱形牌楼孤单地立在崎岖的原野上，使人们回想起辉煌的过去，回想起曾经统治过这个强大帝国的王朝。我觉得我确实是在走近一个适合帝国亡灵的安息所在。辉煌的建筑本身就已足够纪念的了。牌楼已然如此壮观，却只是后面要看到的许多奇迹的开始。

我走近去细看这件壮丽的杰作，发现一群绵羊和山羊在牧羊人的看护下安详地吃草。我想，这个牧羊人对这件宏伟的艺术品习以为常，已是视而不见了。也许他只是在考虑怎样把它的一部分派做别的用途吧。

多么美妙的设计！何种的鬼斧神工！多么可爱的雕刻！这是世界艺术精品之中的一大杰作。

牌楼形成一个入口，后面是一条笔直的道路，横穿平坦

166 | 帝国丽影

长城南口关

的原野通往陵墓。但现在这条路已不过是一条崎岖小道，陈旧的铺路石破碎翻起，野草丛生，每走一步都看到衰败的景象。

我们向前走了一小段距离，看到了一幢带有红墙和大门的房子，两旁立着高大的汉白玉石柱，柱顶部有翼状物向外伸展，雕刻的龙绕着柱子向上攀登。进入门道后，我们开始看见沿着神道的两旁摆满了的各种古怪塑像，神奇至极。这些塑像都是用汉白玉雕刻而成的，体积巨大。我不禁纳闷，它们是怎样被运到这里来的呢？不过，我对中国人做的事已不再感到惊奇，他们都是工艺大师，区区搬移一些重物对他们来说没有什么了不起的。

在这组绝妙的塑像中，有些是男人和走兽、巨碑和身穿古代盔甲的人体，另一些人体看起来穿的是僧侣的长袍。在动物中，骆驼和大象最显眼，大象看起来非常逼真。在这些奇怪的亡灵看守的后面，高高耸立的是一座由三个部分组成的牌楼，不是很大，但坚实壮观。宽广的山谷现在变窄了点，我们接近了山脚，那些陵墓就在山的斜坡上——我想总共是十三个。

是什么样的灵感使得那些古人选择了这个地点来建造陵寝呢？是什么样的头脑设想出这种真正的帝国风采呢？

这些明朝皇帝不管他们性格的另一面是什么，他们肯定具有艺术家的头脑，也肯定具有非凡的审美感。这可以见证于他们时代许多美好的创造——他们在世时的雄伟的皇宫和他们死后的安息之所。这些创造在今天的中国仍然可以看到。呜呼！当今中国的统治者还在昏睡，意识不到他们在过去的遗产中拥有多少美的财富，意识不到要采取措施来防止这笔财富遭到毁灭性的破坏。这里有三座汉白玉桥的巨大废墟，桥的坍塌完全是因为年久失修。那里的山洪有时会很凶猛，但是人类的智慧建造了那些美丽的桥梁，同样的智慧肯定也能够保护好这些过去留下来的宏伟的纪念碑。

我们小心翼翼地跨过一条水道，它现在几乎都干了。很快我们就到了陵墓旁边的寺院入口处。那里有许多陵墓，但是我们只参观了永乐陵（Yung-ho，长陵）。我们在大门上用力敲门，敲了好一阵，一个苦力才把门打开。他是从附近的一个柿子园过来的。我们细看了带黄色屋顶的寺庙，从中穿过，来到一个种满了柏树和冷杉的大庭院。庭院的两边是巨大的黄色瓷制神殿，一年的祭品都是在那里焚烧的。

然后，我们来到大殿，大殿由巨大的木柱支撑，我想这些木柱是用缅甸柚木制成的。大殿多么宽敞啊！迈步度量，我发现大殿约 70 码长，宽约长的一半。但是大殿空空荡荡，一派被遗弃之状。

穿过这个大殿，走下一道幽雅的梯道，我们来到一个栽有更多柏树的庭院。庭院的那边便是巨大的砖石建筑，通往陵墓的入口就在那里。入口前面是一栋祭坛状建筑，上面放置着供焚香火用的雕花瓮。

建筑物非常坚实，由石头建成，第一层的墙建成雉堞状，上面是更多的砖石建筑，双层屋顶上盖着非常漂亮的皇族黄瓦，宽敞的屋檐显示出精美的木头结构，上面布满了雕刻和图案。

作为一位皇帝陵寝的护卫室，这是再适合不过了！我们在安静的庭院中休息了一会儿，喝了些茶，吃了些自带的点心，然后准备骑驴回南口，大约有十二里多的路程。

我们离开陵墓时，天已近黄昏。放眼向旷野望去，那些巨大的石像生指明了我们的归途。再远眺，借落日的余晖，我们还能看见那座美丽的牌楼。也许正是黄昏的这种诗意，才使得我们的归途如此愉快。走过那些石桥的废墟，在一排排怪异的古纪念碑中无声无息地缓慢行走，给我留下了极其深刻的印象。当最后一丝阳光逝去后，一切就变得越来越怪异。沉寂是那么地压抑，几乎使人紧张得喘不过气来。但是我们很快离开了神道，转道找到一条去南口的近路。太阳落下去后，月亮爬上来，为我们照明回家的路。借着月光，我们骑着驴，排成一队，沿着羊肠小道，过河趟溪，继续前行。经过一天的劳累，我们迎来的是小旅店主人的欢迎声。那天，我看到如此了不起的奇迹，感觉到生活是有意义的。

第二天早晨，晴空万里，阳光灿烂。在一个陌生的地方酣睡后起床，走出门外，期盼今天会看到什么，那是多么心旷神怡的感觉呀！

鼓楼看北京：左为煤山，山脚为紫禁城城门，右为北海白塔

这天早上，我出去远眺起伏不平的原野，向北京、向比北京更远的地方望去。我能看到远方的骆驼队沿着弯曲的小路向首都方向走去。较近处，我看到几辆北京两轮马车。等它们走近，我发现这些车上竖着像旗帜般的纸制招牌，上面写着著名的天津外国商行的名字。这些白人为寻找商机和赚钱，还有哪里不去的？这些车辆来往于蒙古地区的乡间，商业代理被派往那里买卖商品。他们只有将他们代理的外国商行的名字展示出来，才能受到更多的注意。

这次旅行中，我们在队列中增加了一头毛驴，驮运午饭、茶篮和雨具等。很快，我们便上路朝南口这个用城墙围起来的村镇进发。南口在关口的西边，旁边高高的山坡上建满了纸盒般的碉堡。南口是个古怪而繁忙的小镇，处在交通要道上，住在那里的汉族人明显带有蒙古族人的特征。作为栖息地，小镇挤满了来往的人群和牲畜。这里是一队昂首的骆驼，那里是一群马驹，其中也许有将来上海赛马场的冠军得主呢。这里是一群山羊，那里是一辆北京两轮车在凹凸不平的路面上隆隆滚动。那些乘坐马车的人要有多么结实的骨架才能承受这样的颠簸呀！不一会儿来了一群幼骡，主人们吆喝驱赶着。在这一片喧嚣中，我们这些外国人骑着毛驴，各自在混乱中择路前行。我们很快穿了过去，开始朝关口攀爬。

我们的下方有一条湍急的小溪流过。现在是条小溪，但

北京喇嘛庙

是在洪水季节，破坏力可不小。我们的左上方是高耸的群山，山谷那边是更多的山峰。但是山谷那边在发生变化，因为京张铁路正在兴建，依我们看，进展还顺利。

在我们到访的时候，游客行至南口就止步了。这里交通混杂，能够看到这条令人惊叹不已的路，我的确很高兴。我有理由怀疑世界上还有另外一条像这样的路，几个世纪以来，对南来北往的交通来说，这道山关是中原和蒙古地区之间的必经之路。在过去的岁月里，一批一批野蛮好战的北方人一定是通过这道关口南下入侵的。如今，关口可以乘火车通过，那条道路的辉煌将很快消失。骆驼、骡马、公牛、意志坚忍的小毛驴、北京两轮车、幼骡、轿子，这一切将很快变成历史，永远消逝。我感到高兴，因为我看到了几百年来都是这样繁忙的交通全景。现在铁路已修到了关口处的长城边，很快会像别的地方一样，在这里主宰一切。这条古老世界的道路上令人眼花缭乱的交通将永远逝去。它将沦落成一条乡间僻道，旅游者将乘火车飞驰而过，只能对关口的雄姿瞅上短暂的一眼，无法体会它现在和过去的特征。

因长年累月被过往的粗糙车轮碾压，那些大块的铺路石板被磨出了一道道深槽。有些石块被完全掀起，留下一个个的深坑，车轮使这些坑变得越来越深。因气候而异，这些坑要么装满了灰尘，要么装满了烂泥。路面看上去到处都是巨大的乱石。那些车夫是怎样赶着马车绕过或越过这些石块的还是一个谜。我看见一只车轮正好压在一个约 12 到 18 英寸的大石头上，车子停下来一会儿，骡子感到车子向后退，便加了一把力，车轮从石头上滚了过去，扑通一声落在石头的另一边。骆驼走过时总是昂首挺胸，表情神圣，似乎在叫你注意它们驮负的货物是多么重要。它们小心谨慎地绕过所有的障碍，就像那些聪明的小毛驴一样。

很快我们来到路旁的一个饮水处，四周都是牲畜，等着喝水解渴。旁边有一个似草坪的地方，骆驼和其他疲乏的牲口在那里休息。

回头望去，我们看到关口下一派壮丽的风景。在陡峭山坡下方伸出一截长城，上面是一座像塔一样的敌楼，如同一位哨兵，立于险要位置。往下可以看到一点南口镇，下面的山谷中是一条河，弯弯曲曲地向巨大的平原流去。平原广袤无际，在远方与天空融为一体。道路宛转延伸，在山腰间缠绕，一群群牲畜和人在远处依稀可见。这真是一幅壮观的景象，值得好好画一场。

我们继续前行，到处都发现新奇有趣的东西。我们来到一个五边形的拱门，古人似乎乐于出些这种小的建筑难题。在一个平顶的拱门中，那些砖肯定是用拱顶石连在一起的，但看不出来。观看的人会纳闷，为什么这些砖头不掉下来呢。拱道石头的表面有一些极好的雕刻，拱廊里有数不清的如来佛和其他人和神的画像。我们参观时，因为工匠正在进行修复，部分画像被挡住，所以没能看到全部。我相信这是明朝的另一杰作。

沿着关口是一道又一道的长城，似乎当时筑长城的人想，在这个地方，入侵者即使越过了第一道防线，他们面对的将是另一道。

大约十四五英里后，我们到达了关口的顶端，来到了长城的外部，这条神奇的古道从长城的大门中穿过。这里是最高处，我们穿过城门，用渴望的眼睛沿着这条婉转的路，眺望充满神秘的蒙古地区。我希望我能骑驴向前再向前，探索这片土地更多美妙的事物。我回过头来，朝这条道路通过的那个门洞凝视良久，有多少商品货物经这个门道，从一个国家运往另一个国家啊！它屹立在那里，似乎已经好几个世纪，穿它而过的仿佛是一条奔腾不息的生命长河。朝一个方向运送的是北方的产品——羊毛、绵羊、山羊、裘皮、马驹；朝另一个方向的是各式加工好的商品，一些来自英国的曼彻斯特，一些来自中国的华南，一些来自美国，的确是来自全世界。

我可以花上整天的时间观看熙来攘往的商队，但我必须和朋友一起，在夜晚来临前再赶15英里的路程。现在已是下午傍晚时分了，在这条路上快速行走又太危险。这里视野一般还可以，但是看不太远，当然不像在另一章中描写的山海关那样看得那么远。我们又骑上驴，踏上归路，又看到了一个世界奇迹。

我原打算再回到这个地方来,花一些时间画下这片景色,但被劝阻住了。因此,我所有能作为纪念的就是这张城门的小画。

　　我们的归途平淡无奇,但接近关口低端时,阳光渐逝,景色在这种变化不定的光线中比在白天灿烂的阳光下显得更加美丽。一天在驴背上骑30英里,我们急切盼望舒适的休息地并好好睡一觉。我们着实休息了一番。我们中有一位女士,她没有因为两天的驴背旅行而吓倒。第二天清晨,我们登上火车回北京。我又开始继续在首都的繁忙工作。

第二十四章　远观颐和园

未驯之马——五塔寺——路面交通——玉泉——白塔——鼓楼看北京——警察管制

到目前为止，我仅仅观看了北京城，所以急切想要看看北京周围的乡村。要将乡村看得心满意足的唯一方式就是骑马游览。一位与我同住旅店的好友向我建议说，我应该哪天与他同往，他可以为我备马。就这样，一天早晨，我们准备好去颐和园游览。因为他的马容易摔倒，我的朋友建议我最好骑一匹他最近买的马。我不假思索地骑了上去，但是这匹马即刻感到我的重量，反抗起来，绕着圈子，上下蹦跳。我最后驱使它开始向前走时，它是横着身子在街上行走的。它的主人高兴地说，它会乖的。然后，我发现在马鞍里有个使人不舒服的纽结，我不得不克制自己慢行。我感到我一整天都会兴奋的。

我们绕着皇城城墙向前进发,从西直门走出内城城墙,踏上了御道。转入一条沿运河的林荫道后,很快看到了那栋奇妙的建筑——五塔寺。我们停在一片树林旁,从外面观看。寺庙呈矩形,顶上有五座塔,因此得名。寺庙的形状不完全是中国式,而更像是中亚风格。塔有许多层伸出的檐,朝塔尖方向越变越细。附近是一只巨大的汉白玉乌龟,旁边横倒着一根大柱,乌龟曾是柱子的基石。这也许指明这是一个去世很久之人的坟墓吧。①

我们策马前进,享受着阳光和运动——我的坐骑因行走加快明显高兴起来。不一会儿,我们看到了远处的房顶和宝塔,严厉的慈禧太后和懦弱的皇帝就居住在那里。我们穿过的村庄交通都十分繁忙,这都是因为朝廷在附近的缘故。

到达皇宫大门前宽大的广场时,我们看到一个非常热闹的场面,颇像英国乡间大集市。到处是货摊和展位,兜售一切可以想得到的中国人需要的东西。魔术、杂技、货郎、小贩、站岗的士兵、瘸腿、盲人,都聚集在一起,也许是来向达官贵人讨点残羹剩饭的。北京两轮车、欧式马车载着高官在大门前来回穿梭。布罗汉姆四轮马车现在是中国绅士最喜爱的马车。一辆轻巧新型的装有橡胶轮胎的布罗汉姆马车,

---

① 五塔寺坐落在海淀区西直门外,始建于明成化九年(1473),名真觉寺。清乾隆二十六年(1761)大修,为避讳,更名大正觉寺。因寺内建有五塔,故俗称五塔寺。金刚宝座塔依印度僧人班迪达所献印度式"佛陀迦耶塔"图样建成。八国联军侵华,寺院荡然无存,唯塔幸存。

由两匹杂色健壮的蒙古马拉着,赶车的是一个中国马夫,后面还站着一个仆人,车主全身穿戴满族服饰坐在车里。看到这个情景使我不禁回想起肯辛顿宫①和化装舞会。我们骑马穿过五颜六色的人群,向右转,绕道来到顶上建有行宫的山丘北边。一路上,我们能看见山的这边仍有许多建筑物,但是在 1900 年全都被摧毁得很厉害,到现在还没有修复。

墙外到处布满了卫兵。我们骑马穿过一个风景如画的村庄,村里有一座精美的小桥,与热闹的前景一起看起来倒是非常协调。村庄的后面是一座山丘,上面建了许多寺庙和凉亭,山顶上是千佛寺。穿过村庄后,我们看到左边是被水纵横分隔的平地,显然是肥沃的耕地,右边是起伏的山地。在我们前面,一座山丘拔地而起,"玉泉"从山中涌出,山顶上是座高大的宝塔。在到达山脚前,我们留下了马和马夫,然后步行上山参观玉泉。我试图找出这个名字的来由,因为这里既没有玉石也没有喷泉。美丽而清澈的泉水从这里流出,为皇宫前面的湖提供了水源。我们继续向上攀行,最终在一个山脊上回过头来时,我们的努力得到了应有的回报。不远处,我们可以看到颐和园,湖水在我们面前展开,美极了。我渴望能冲破那些皇宫的各种阻隔,获得去描绘它们的权利。

---

① Kensington Palace:位于伦敦肯辛顿花园西侧,原为诺丁汉豪宅,由威廉三世与玛丽皇后在 1689 年时买下作为皇宫,之后一直是英国皇室的住所,从乔治三世开始才迁至白金汉宫的前身——白金汉豪宅。

钟楼

看到皇宫我十分兴奋，但对我来说还不够，我需要看到更多。然而人们不断地告诉我，那是我得不到的。

在这座山的西坡，我们来到那件现在已成废墟的艺术精品前——琉璃塔①。塔的比例是那么完美，顶着五光十色的琉璃瓦向上升起。这是中国建筑的经典之一。在那段人们头脑中装的只有复仇的恐怖年代，琉璃塔没有被全部摧毁，真是谢天谢地。

我为这个美丽的琉璃塔画了一小张素描。附近还有一些宝塔，在我们下方是一些寺庙的废墟，但是没有任何东西可与之相比。虽然岁月使塔身的各种色彩失去了原有的艳丽，但是这里或那里仍闪耀着往日的光辉。

这样美好的事物使我想起传说中拿破仑就安特卫普大教堂②说过的一段话——它应该用玻璃罩起来。我相信它可以被保存下来，让世世代代的人欣赏。

我们费了很大的力才回到马身边，我发现我那匹马精力仍十分充沛，15英里的路程对它来说似乎根本不算什么。当我想骑上马背时，它又开始玩杂耍了，把周围的人都逗乐了。当时，我已经向我的朋友暗示，他要我和他一起骑马游玩，

---

① 似指建于清乾隆四十五年（1780）的香山琉璃塔，坐落在香山公园昭庙后的山坡上。塔为砖石结构八角七层楼阁式，高约40米。

② 安特卫普圣母大教堂是比利时最大的教堂，占地约有2.5英亩。1352年底开始动工，直到1521年整个工程才完工。教堂中最引人的部分是高塔，塔高123公尺，塔上精细的装饰让人叹为观止。

就是想要我驯服他新买的这匹马。他当然否认，但我仍然认为他有这种意图，即使是现在。整个归程，我都全神贯注地控制着那匹畜生，根本没有看其他东西。进入城门，在景山城墙的附近，它试图跑起来，我不得不用鞭子抽打，这似乎倒让它大吃一惊。它猛然拱背跃起，又用后腿站立，但都无济于事。我安然无恙地回来了。

一个风和日丽的日子，我骑马去北京赛马场。不管在哪里，只要有几个西方人凑到一起，就会有某种运动比赛。这里也是如此。跑道在城墙外几英里的地方，我们沿田野中弯曲的小道来到这里。我的坐骑终于狂奔起来，从凉亭中穿过，以十足的参赛架势冲入赛场。我们在这里观看了几次试赛，我朋友的那匹马，也就是我骑的那匹，被一位友善的骑师雄赳赳地遛了一圈。

我应邀用午餐，即使离城市那么远，但什么都不缺。这里同中国其他地方一样，外国人聚在一起的目的主要是赚钱。他们执意要得到一些生活奢侈品，而那些中国仆人总在这方面给予极大的帮助。

老鼓楼立于景山和北海的北面，离美丽的钟楼十分近，从上面可以看到北京内城最全的景观。鼓楼入口是一座矮门，通往一个又长又直的石梯，里面漆黑如夜，上楼梯需要带上蜡烛或火把。但是爬上楼梯，到上面的大堂是非常值得的。从四面的楼台上，你可以看到向四周扩张的城市。朝北望过钟楼和鳞次栉比的房顶，你可以看见北城墙，更远些就是起伏的地面向黄寺延伸。朝东看是更多的房屋，楼阁的高屋顶从中冒出。朝西看，你可以看见远处的西山。朝南看，一条又长又直的马路从你的脚下直通皇城的大门。大门后面，耸然而立的是建满了亭台楼阁的景山。再往右边，从树丛中升起的是北海中的白塔。再近点，你可看见与莲花池相连的水在闪烁发光。这些水从运河流过来，在北海和15英里外的颐和园之间筑起一条水上通道。往右看是北海皇宫的黄色屋顶。从所有这些之上眺望，你可以看见更远的城墙、高耸的前门和其他城门，甚至可以看见远处的丛林、丛林中的天坛和先农坛。北京的一切——美丽的建筑、成荫的绿树、神秘的色彩——现在全都展现在我们眼前。要找到比这个更好的观景点恐怕是很难了。我只想看现存的东西，美的东西，努力去忘掉往日的恐怖，而那些恐怖在这里到处都留下了痕迹。

看着这座紫禁城，很少有人知道在那些深宫后院中发生过的事情。从这个伸出去的平台上（平台建在楼的上半部，楼的上半部比下半部要小得多），我画了一张画，这张画可以使人们对这个地方有个粗略的了解。守楼人开始似乎不大确定是否允许我在这里绘画，我懂得他的意思，继续画我的画。那天绘画完成时，他要求我额外加钱，我给他加了很少的钱，但狠狠地用英语训斥了他几句。在第二次再去绘画时，我发现他规矩多了。这时，我也在画钟楼，这幅作品是在鼓楼墙外完成的。

这里的警察带着怀疑的眼光看着我。一位警官（如果我可以对一位中国警察这样称呼的话）与我的仆人进行了交谈，仆人告诉我说他要看我的证件，我将证件递了过去。旅游证在中国是最有用的东西，似乎可以消除许多怀疑。很快，这名警察带来了一位高级警官，他仔细检查了我的证件和我的画，并向我的仆人问了许多问题，诸如我住在哪里，我在北京待了多久，等等。

但当我后来再来到这个地方时，那里的警察态度都改变了。人们告诉我，慈禧太后发了一道对我有利的敕令，允许我进入颐和园。我发现这道敕令刊登在当地报纸上，我的仆人知道后，马上要求别人向他的主人表示尊敬。因此，当我又来到鼓楼时，那里的看守不再挡我的路向我要钱，而是早早将门打开，鞠躬请我进入，虽然我递给他钱时，他仍然接受。我到钟楼下绘画时，那里的警察向我敬礼并驱散围观的人。我的仆人朝我开朗地笑了，仿佛在说他知道怎样来安排一切。从此以后，不管我在北京什么地方绘画，警察总是来照顾我、帮助我，对我十分尊敬，真是不可思议。

第二十五章 获得敕令

我在北京滞留了几周后,热河的朋友来信说,那里的官员被告知,我是去那里绘制地图和设计图的,因此不允许我进入行宫。这证明中国官方误解了我希望做的事情,因此我决定再尝试一次。我来到公使馆,向一位秘书解释了我的想法,问他是否能给我介绍一位能懂得我的作品的中国官员,也许他能够将我的作品推荐给外务部成员看,向他们解释我希望的是什么,然后请求获得在颐和园绘画的许可证。

事情进行得非常成功,我被引见给了刘玉麟①。他是一位十分开明的绅士,去过许多西方国家,是一位艺术品收藏家。他非常和善,马上兴致勃勃地看我的作品,并且向我许诺,将我的一些画展示给外务部,但同时他并不让我抱有太多的希望。他问我:"假设你得到许可证,你可以送一幅画给慈禧

---

① Lew Yuk Lin(1863—1942),第四批留美幼童之一。1881年回国,先后出任出使美日秘书大臣和出使英意比大臣的翻译官,也曾任新加坡领事等职务。1910年,拜外务部右丞,并任出使英国大臣。

▲▲旨准英畫師進 頤和園繪圖

日前英國公使照會外務部有本國畫師李礮爾拔進頤和園繪畫該園宮殿各景須有數日方能畫繪完舉當中外部委准奉 旨于十日初五日進園繪畫 由頤和園外部公所招待該英人住宿等情云

影印的照会：
旨准英画师进颐和园绘图

太后吗?"我同意了。我懂得我在要求得到一种以前从来没有被赐予过的特权,也正是这个原因,我就更加坚定决心要得到它。几天后,我的画被退还到了公使馆,同时附带的信件说外务部已经看过并且非常喜欢这些画。仅此而已。

正好这个时候,公使馆在举行一个小型展览会,展出北京业余艺术家各种各样的作品,我的一些画也一起展出。我惊喜地发现,在参观展览会的观众中,不仅外国人而且中国人也对我的画产生了兴趣。我想,这些都有助于将我的作品展现给中国官员,开始有了实现我的愿望的信心。公使现在也告诉我,袁世凯许诺将代表我去与慈禧太后接触。许可证必须由她直接赐给,没有其他人可发放这种特权。人们向我建议,两手空空地递交请求不如手上拿点其他东西。我说我已经同意,如果我能获得许可证,我会送一幅画。既然如此,我还不如现在就将画送去。因此,我从许多画中选出一幅,送到了外务部,请其转交慈禧太后。

一天深夜我回到家中,发现刘玉麟先生送来的短信,他私下告诉我慈禧太后那天上午已经下了一道敕令,允许我进入颐和园。不久,同样的信息也通过公使馆传达给了我。得到我在中国最想要的东西,真是喜出望外。

为充分利用这样的机遇,我立即作出安排。我不知道我是否可以住在那里,出于某种误解,敕令的具体内容并没有让我知道。我骑马去了皇宫附近的一座村庄,想在那里找到住所。我去了所谓的村中最好的客栈。虽然我决心为在皇宫绘画忍受一切,但是我找到的住所实在太差。房间很脏,地面是石头的,因为冬季即将来临,这必须要考虑。院子里似乎挤满了喧闹的人。当我沿路折回北京时,我感到有点沮丧。但是我还是迅速完成了手中还没完成的工作,为约好去皇宫的那天作好准备。

第二十六章　颐和园

款待——住处和随从——首次周游颐和园——总体印象——昆明湖——佛香阁——智慧海——铜亭——大牌楼——石舫——铜牛——绘画时的随从队列——奇寒

我整理好行装，清点好绘画工具，甚至将野营床都绑好了。我的仆人带来一件保暖的棉衣，我知道现在寒流随时都可能到来。我入睡前还在想，在焦急等待了这么久之后，明天等待我的会是什么呢？我将去画一个我从来没看见过的地方（只在远处看过），我甚至不知道是否能画出一幅画来。我被告知，我只有几天的时间，这倒不是我所担忧的，我相信我的绘画才能。我认识的人中有极少几位看过颐和园，一个说没什么好看的，非常新，另一个却说颐和园非常美丽。

收到公使馆的通知后，我早早就起床，7点钟前便吃了早餐。这时，仆人进来告诉我，有位中国绅士希望见我。我

颐和园石舫

回到自己的房间，发现他已在那里。谢天谢地，他会讲英语。他受命于外务部，来护送我去颐和园。他告诉我，我将住在那里，分派给我的房间就在专给受接见的外国游客用的建筑物中。

我的心情立刻变得轻松起来，因为我可以不去前一天看过的那家客栈了，而且我就住在颐和园内。行李包放在车夫的旁边，仆人也坐在马车的高处，礼貌的向导和我钻进马车，前面有一个骑手带路，我们出发了。

早晨寒冷的空气使我想起即将到来的寒潮。我们很快穿过了市区，从西边出城，越过运河。运河是连接北海和颐和园的一条老水道。西山在远处隐约可见，田野看起来漂亮极了，四处都是秋色。

我们路过了几座村庄，最后一座村庄就是我怕得要死的那家客栈所在地。我们继续前行，看见皇宫的屋顶在山坡的映衬下闪闪发光。我们穿过牌楼，牌楼立在宫门前道路与广场的交界处，来到宫门前。我在那里受到了几位官员十足的礼遇。他们陪我入内，带我去了我的房间。他们告诉我，一位能做外国饮食的厨师与其他仆人已从北京派来，两个男童将作为我的私仆。说实在的，他们对我如此过分的照顾，令我不知所措。如果说要说服那些官员给我许可证很难的话，那么一旦他们给予许可证，他们当然就慷慨全给，尽可能使我不仅感到舒适，而且感到是被作为贵宾接待的。在行李都

颐和园万寿山佛香阁

搬进来后，我的随从礼貌地问我是否要到皇宫四周走走。这正是我所要的，这可以让我确定要画的景物。命令传了下去。准备离开房间时，我发现我走在一大队人的最前面——我领头，那位友好的官员随后，然后是我的仆人，再就是其他男仆、侍从、苦力等——即使是仪仗队也总是有很多苦力加入。

我住所的外门通往一个庭院，庭院的对面是主门，我注意到我的住所外门前安置了一个卫兵。我走出去时，他向我行军礼。到外面，我看见两列士兵威风凛凛地从我门口朝靠旁的一个大门排过去，中间的大门只有皇室才能使用。我和我的随从队列在这两排士兵中走过，卫队军官和各种皇宫官员在门道里迎接。我进去后，人们就没有那么一本正经了。官员们与我一字排开，都热心告诉我那些我们走近的各个建筑物的名字。第一座是个大殿，我相信有人来参观时，它被用来当第一道接待室。再向前走并绕过这座房子，我们很快就来到一湾清澈透底的湖水前面。湖面很大，非常美丽，这儿那儿点缀着几个岛屿。湖被一道矮墙围起来，墙上是精雕细刻的汉白玉栏杆。在一个岛上可以看到龙王庙。从这个岛到湖的南边陆地是那座又长又美有十七个孔的汉白玉桥。每隔一段距离，还可以看见其他一些桥，包括那座著名的骆驼背汉白玉桥。另外还有装饰华丽带红柱和红墙的凉亭。

我是第一次在温柔的秋阳下观看这座皇宫。西边的山丘沐浴在阳光中，轮廓线条是如此奇妙的柔和，远方的宝塔和

颐和园"云辉玉宇"大牌楼

楼阁在高处显现，巨大的黄顶红墙建筑在崎岖的山坡上烁烁发光，凉亭的顶伸出大片丛林绿叶上，时隐时现。这就是仙境呀！当我能够从各种角度更仔细地观看时，它的伟大和美在我脑海中越来越深地打上了印记。第一个设计这座可爱的夏宫①（取名如此恰到好处）的人，首先必须具有真正欣赏美的能力，才能选择一个这么美好的地点。那座险陡的山丘，其南面一刷而下进入一个极易改变成湖的沼泽地，肯定是由某个具有真正艺术感的人选择的。这种同样的感受也体现在那些建筑物奇妙的布局上——不管是独立的还是立于建筑物群中，它们不仅设计完美，而且都被安置在最佳的位置。

湖大部分是人工的，原来是一片沼泽地。山顶形成一个很大的空间，在其中央处带有巨大金像的主阁拔地而起。佛香阁有三大层，每层都有一个镶有绿边的黄色屋顶。在这栋极其美丽的建筑后面，更多的梯道向上延伸，连接另一座阁楼——位于山丘最高点的智慧海。智慧海整栋建筑都用黄绿相间的琉璃砖瓦贴面，正面是一个有三个门洞的汉白玉石门。主体建筑群的两边，在陡峭的山坡上，非常巧妙地建有各种各样的亭子和纪念碑，一些带黄瓦顶，一些带绿瓦顶，那里还有为历史名人立的石碑和铜碑。

西边是令人赞叹不已的艺术品和奇迹般的青铜制品——

---

① 当年颐和园和北海分别以慈禧太后的夏宫和冬宫为外国人所知。

铜亭。它完全由铜制成，甚至连瓦、地板和里面的家具也都是铜制的。遗憾的是，这些东西已所剩无几。这是对西方文明的一种谴责，如此美丽的事物居然也不能免遭掠夺。那些制作令人惊叹的细工透雕的窗户，有些不见了——我相信是在 1900 年被掠走的。但是我高兴地听到，是英国人阻止才使得这个地方没有被全部窃掠。如果这些窗户的现有主人（我相信他们仍在中国）将其归复到这栋独特的建筑，那将是一大义举。

粗略观看了这一部分后，我们乘上游船，划到湖的对面去观赏龙王庙以及各式桥梁和建筑。在湖上，人们可以观赏到整个中央建筑群的奇美全景。这个位置，顺便提一句，完全是用于国家庆典和祭典仪式的，由一道攀山越岭的红墙围起来。

建筑群前面和湖水边上是大牌楼①。通过水路上岸，从牌楼中穿过，人们庄严地进入园里的殿堂楼阁部分。牌楼十分壮观，巨大的红色柱子将门道分为三个，这些柱子建在汉白玉底座上，柱子上面是龙和其他神话动物的透雕或浮雕，色泽鲜艳，全都镀了金。最上面，十分耀眼的黄色屋顶分为三截。

这座建筑的后面是第一个殿堂，它又通往其他的殿堂，

---

① 即排云门。

最后到达德辉殿。殿堂一个比一个高，最高的是一道石头墙和几栋高耸的楼阁。这一雄伟的建筑群体倒映在清澈见底的湖水中，构成一幅无法比拟的画卷。天啦，可惜我没有时间将这一切再现在纸张和画布上。

从殿堂的梯级上望去，你可以看见在湖与天的映衬下，牌楼明净而高大，穿过牌楼可看见龙王庙和十七孔桥。

我们乘船继续游览，来到令人惊奇的石舫旁。石舫约造于两百年前，在不同的时间，船上增添了一些东西。但是那些增加物并不好看，从建筑结构上也没有什么改进。船的原身做得不错，形状看起来像一艘老式礼宾船，由汉白玉建成，船尾高翘，做工细腻，整艘船做得非常逼真。在这艘典雅的老船上，一根漆得像汉白玉的木头高高竖起，显得很俗丽。船的上层是供皇室和他们的客人用的茶室。同样，为迎合现代口味，一些不伦不类的汉白玉制品加到船上，来粗略模仿脚踏轮。这真是败笔，明显与原来的结构既不协调也不成比例。但是加上去的脚踏轮似乎又说明，中国人从早几年前开始就希望接受西方的思想。他们用这种方式来表明这种愿望。

与石舫相连的是一座典雅的汉白玉桥，桥墩上有狮子雕塑，桥的主拱上方是造型优美的双层屋顶。附近是船坞，里面停泊着大游船和现在用于湖上游玩的现代蒸汽机船。

在湖对面的南岸，站立着一头雄伟的铜牛。虽说是铸的，但是离开铸匠的手后，这件艺术杰作肯定被加过许多工。它是那么庞大，傲然独立。中国人的青铜艺术真是炉火纯青！看看大牌楼附近的大狮子吧，做工比喇嘛寺的更精细！想想北海的仙鹤和驯鹿吧！

我相信意大利的传教士被邀请来帮助设计了颐和园。从湖对面看整个庭园风景，我能看到他们作品的痕迹。那个建立在巨大的石基上的主建筑群，以其石造物的朴实和严谨，将那些痕迹显现无遗。即使是山顶上的楼阁，虽然有中国式的屋顶，也带有一丝意大利风格。我几乎能够想象我是在一个意大利的湖上，看着神话般的皇宫。意大利风格也好，中国风格也好，我并不在乎，那里太美了。有谁还能期望一个更理想的、能在如梦境般甜蜜中度过夏天的地方吗？

慈禧太后、皇帝及皇后的寝宫离湖很近，比离皇宫入口处坐朝听政的大殿更近①，两者不同处在于前者的屋瓦是灰色的。亭阁不大，但非常考究。用亭阁来形容它们非常适合，因为它们几乎全都是一层楼，不太起眼。亭阁就在湖岸边，前面是一条窄窄的石铺人行道，两边是汉白玉栏杆。人行道与梯级相连，人们可从船上下到梯级上。

慈禧太后的亭阁前面有两根长而细的木柱，在顶部弯起呈弓形，一盏硕大的电弧灯从上面吊下，高柱上的装饰是以

---

① 慈禧、光绪坐朝听政的大殿原名勤政殿，光绪时重建，改称仁寿殿。慈禧居住的地方叫乐寿堂，光绪皇帝的寝宫为一组四通八达的穿堂殿，正殿是玉澜堂。

绿色为背景的几条白龙。亭阁屋檐下是一排排的电灯，木制窗户做工精细，从内装有玻璃，大都漆成鲜艳的红色。如果这一切在晚上都被照亮并在清澈的湖水中映照出来，那一定非常美丽。我可以将这想象成节日夜晚的威尼斯某部分，再加上更加富有画意的中国人影。

这些亭阁的花园既不大也不特别漂亮，但整个地方却是一个自然花园。花园是那么可爱，是西式人工花园所无法比拟的。

从这些亭阁到雄伟的建筑和楼阁都有一条高于地面、上有顶盖的走廊。路面用石铺，顶用瓦盖并用木柱和木梁支撑。整个走廊都用许多奇异的图案精心装饰和描绘。

慈禧太后自 1900 年以来已经修复了颐和园南部的全部。人们可以看出，在修复的这部分中，引入了许多西方的观念。这个走廊沿着山脚延伸，是连接园中所有建筑的通道。虽然被树掩盖看不见，在走廊中行走却令人心旷神怡。沿着走廊行走，人们不时可以瞥见美丽的湖光山色。

我已经说过，给我留的住所在一个建筑群中，与一个庭院相连，庭院前面是主门。这些建筑从设计上说一半是外国式的，颇为舒适，原本不是为旅客，而是为来朝拜清廷的外国人准备的。然而，我的卧室被布置得非常舒适，提供了外国的床和家具。我几乎刚刚到达，人们就问我绘画需要住多少天，我对此给了一个含糊的回答。我已经被告知，只能停

颐和园乐寿堂，原慈禧太后的寝宫

留几天，即使只画我所看到的一小部分。我懂得必须拖时间，拖得越长越好。

我到达皇宫后受到的迎接十分正式。之后，我想我应该免去这些礼仪，按通常的方式开始工作。很快，我就发现我在住所和绘画处之间的往返行程都被细心作了安排。我的男仆自从他的主人成为皇室客人后，就成了一位重要人物，手下有另外两名男仆，苦力应有尽有。虽然我反复告诉他，不许他或其他人搬运我的画，但是我发现他还是把我的画交给他手下的人去搬。

逗留期间，我发现外务部安排了两位外事办公室的官员时刻陪伴我。听说这是要保证我尽可能地得到照顾，生活上尽可能舒适，保证所有的仆人都按我希望的去做。我非常感激这两位官员，我只要向他们说出我的希望，希望便可以变为现实。在这个神话般的庭院中，我自由自在，可去我想去的任何地方。事实上，我只需挥舞一下我的魔杖，我就可得到想要的一切。如果时间允许，我当然希望细细参观每个角落。但我的目的是，在我有机会时能绘出几幅画来，描绘以前欧洲人从来没有获得过许可来描绘的东西。为达到这个目的，我将付出我的全部时间和精力。

如前所说，我的来去都有礼仪，如果我着力描写一番，读者可能会感兴趣。我会对我的男仆说："喂，准备工作。"他就会对他手下吆喝，将话传给他们。他的手下再将话报告给住在我隔壁的官员。我看着这些仆人将我的绘画工具收捡到一起,他们做完后总是知道我要的东西在哪里,从来不会丢三落四。我走出房门,来到院中,带队出发。我走在前面,朝廷官员跟在我后面,然后是我的男仆用画箱背着画,再后是更多的用人拿着我各种各样的绘画工具(他们很聪明,将绘画工具分开来,一人背一点点),跟随在他们后面的是几位苦力,抬着茶壶等用品,我们就这样出发了。门口的哨兵已通知了卫兵,我走过时他向我行军礼。我看见长长两列士兵从大庭院横穿而过,来到皇宫的大门口。我们从两列士兵中走过,他们向我敬礼,走到尽头时,指挥官向我敬礼。在这里,我们受到宫廷官员的接待,然后继续前行。进入大门后,几个士兵和宫廷官员加入进来。船夫也随行,以备我要走水路。我来到我要画的景物前,很快就开始工作,随从们也就各自干自己想干的事情。我以为这种礼仪只在第一次举行,但是在我逗留期间,这种仪式贯穿始终。这种仪式每天都为一个谦逊的艺术家举行,我暗地里觉得好笑。

天气现在变得极其寒冷,我需要将所有保暖的衣服全都穿上,最外面再穿上一件重重的皮毛大衣。即使如此,当我坐下绘画时,我还是能感到寒风刺骨。我的那些随从是怎样忍耐寒风的,我不知道,但他们可以四处活动,在建筑物的角落躲避凛冽的寒风,而我必须要在画板前面。

在陆地上,我从来没有单独一人行动过。只有一次,我在一只船上画石舫时，才成功地甩掉了随从，一个人单独在船上待了约两小时。那天早上上船时，我建议说，天气太冷，大家都不要跟我来。因此，宫廷官员和其他一些随从沿湖边走到离我抛锚最近的地点。我数了数减少了的随从，在两只配有船夫的船上有 21 个人跟着我，这两只船被系在一根插在湖底的木杆上，正好挡住我的视线。我告诉他们都离开我的船，以免使其摇晃。他们将船划走了，加入到岸边其他随从一起。但是自始至终，我都没有离开他们的视野。

有件事情十分好笑。有一次我从卫队中穿过，没加思索，突然停下来点烟斗。我发现我使得整个随从队列都停了下来，也使得所有士兵在我点烟斗时一直举着武器行着军礼，那两位宫廷官员差点撞倒在我身上。

从颐和园到在北京的外务部有电话连接，我很快发现我所做的一切都被报告给了总部，我一天做了什么，如可能的话，我还将要做什么。

几天后，我听说我不会被催着早点离开，但是气候变得如此恶劣，我觉得很难继续工作下去。当我路经外院到我的住所时，有时可以看见远处从北京运送游客来的车辆。那些游客远道而来，总会坐着轿子骑着马，或者步行到附近的山中游览，以便能看一眼慈禧太后的这个著名避暑之地。

照顾我的宫廷官员轮流值班，早上从北京驾车而来。两个官员陪我一天，然后过一夜，第二天回到首都，由另两位接替。

我待在这个迷人的地方原本只有一两天，现在却拖延到几乎两周了。整段时间我都在不停地工作，而且工作得非常有趣。宫廷官员和其他人都很友善，各方面都照顾入微，给我留下了十分美好的永久回忆。

寒冷一天天加剧，我不得不作出决定不再在外面绘画。因此，我确定了离开的日子，这时我这才懂得了那些官员的想法。那些官员已经跟我熟悉了，也知道我做的事情，他们非但没有催我早走，反而问我是否延长些停留时间，或者如果我离开，我是否还会回来？如果是冬季早期，我当然会高兴回来，但是11月份回来是不可能的。我将永远也不会忘记我在颐和园的最后一天。那天蓝天万里，阳光普照，但却寒风凛冽。我在画大牌楼。虽然我整天都全神贯注，最终还是被冻僵了，连画笔都无法收拾好，行走也十分痛苦。

一切都为离开准备好了。马车已从北京到来。我去房间喝了些茶，向所有的人道别，看了这个可爱的地方最后一眼，然后登上了去北京漫长而寒冷的旅途。我在城门关闭之前到达了北京。

第二十七章　返回北京

皇帝和慈禧太后之死——令人焦虑的时刻——再见

旅店似乎很暖和舒适，像回到了家一般。与其他英国人交谈，听他们讲与我隔绝了的世界的消息，十分愉快。周围的闲谈碎语使我想起了几天前在颐和园与我的一个随从的谈话。他告诉我，他入朝听旨了。我问他慈禧太后和皇帝看上去怎样，他说太后看起来安然无恙，行走稳健，但是皇帝看起来像是病入膏肓了。

我在北京停留的最后一周，对许多人来说是非常令人焦虑的。北海中传出谣言，皇帝病情严重。然后是更多有关慈禧太后的谣传，人们感觉到中国的国事危机临近了。长期让人感到那么坚强的手现在颤抖了。人们都知道皇帝即将死亡，所有的人都在想后面会发生什么。

离开北京前，我邀请了我所有的中国朋友参加晚宴——

那些帮助我将我要去皇宫绘画的请求呈转上去的人，那些对我友善关怀并为我铺平道路的人。与此同时，我也引见了几个私人朋友与他们认识。这次道别晚宴，我为每一位来宾特制了菜单卡，在上面画上一点颐和园的景色。

就在晚宴要开始时，一位中国客人送来纸条道歉不能赴宴。其他客人都来了，我们坐下来用餐。在晚宴接近尾声的时候，几个信使赶到，将所有的中国客人都从我的桌旁唤走。他们向我郑重而礼貌地道歉，然后离开了。几秒钟后，另一位客人，一个著名的记者，小声向我道歉离开。我们剩下的人都知道发生了什么事，但是直到当天深夜才得到确定的消息。皇帝死了，慈禧太后生命垂危。第二天消息传出她也死了，一条漫长的生命和一条短暂的生命同时都完结了。现在一个新的政府必须出来掌握这个庞大帝国的命运。第二天清早，我被行军的步伐声惊醒，那是我们强壮的山地军士兵走过，去增援公使馆的卫队。我们警惕的监护人采取了谨慎的措施，这也许是必要的。各方面的人们都非常焦虑，因为谁也不知道会发生什么。

我在北京还有点工作要做。虽然天气寒冷，我仍在城内四处奔走，发现军队和更多的警察在街上巡逻。人们三五成群地站着，特别是在许多小银行的附近。银行内那些有存款和证券的人匆忙将钱取出。不安的情绪到处蔓延。一天我和朋友一起步行去使馆街，惊奇地发现，哈德门街附近的中国看门人已经在使馆区大门的铰链上小心翼翼地涂上了油，以便在必要时能将大门更容易更安静地关起来。

然而，就我们而言，一切似乎都很平静。天津的报纸来了，读到有关就发生在我们中间的事连我们自己都不知道，我觉得真是好笑。许多蒙古族人在前不久来首都拜见达赖喇嘛，报纸将他们夸张成了一支蒙古族军队，现驻扎在城市的北面，准备攻城。据说，不止一个使馆已布置好铁丝网并做好其他准备来抵御围攻，妇女儿童准备离开。谣言四起，我们听说许多高官突然丧命，另外一些被囚禁起来，但实际上什么事都没发生。新皇帝登基，摄政王被册封，一切完好如前。

一次我到城里游览，碰到达赖喇嘛的大队人马。我坐在黄包车里，与他并行了大约 1 英里。他独自坐在黄色轿车中，除中国皇室之外，只有他有权用这种方式乘坐马车。这位了不起的人物有一张真正亚洲型的聪颖的脸庞——高颧骨、龅牙齿、稀稀拉拉的八字胡须。

他到达北京时，人们都在热烈讨论他将怎样入城。我听说有人甚至建议搭建一条木制临时通道，以便他可以越过城墙入城，原因是他不能用皇帝专用的主城门入城。后来问题解决了，因为他是乘火车从一个普通城门进的城。他的随从用各种方式进的城——一群相貌粗野的人，宽宽的脸，看起来很凶猛。

他们无疑给这个快速西化的首都增添了色彩——一批马

背上的喇嘛，骑马飞奔，黄色的僧袍在风中飞舞。队伍中有一批汉族士兵，但是西藏人自己是主要部分。达赖喇嘛在北海参加幼帝登基大典，正从北海回黄寺。

我正在完成一幅颐和园的画，这是按要求给慈禧太后画的。现在她死了，我不知怎么办，因此请求公使馆向外务部询问。我被告知完成这幅画，然后将画留给公使馆保管，等到悼念期过了后，也许会引起摄政王的注意。在儿童皇帝年幼期间，摄政王被任命来主掌中国的命运。我听说，自从那以后，那幅画被送到了朝廷。这件事完成后，再没有什么可以让我在这个首都城市待更长时间，我感觉到应该是回南方的时候了。这意味着我回家历程的开始。

我非常幸运，乘船离开天津时，船在大沽口的沙洲搁浅停下来，这样就避开了一次强劲的台风。我们驶出海时，只感觉到台风的余威。船在芝罘停靠后，我们得知一艘日本轮船翻沉，许多人丧生。这艘船只比我们早一点点离开。我们平安抵达上海。我在那里停留的几天时间全部用来安排一个展览会，展出我画的中国的画。应请求，画展是为捐助一个很有意义的慈善机构——女奴救助之家（the Home for Rescued Slave Girls）。

对于一位艺术家来说，一年的时间是短暂的。在中国这样一个幅员辽阔、拥有如此辉煌的艺术财富的国度，一年的时间的确是太短了。我希望我在有生之年能够再次访问这个国家，探索这个国家的其他地方。

九州出版社好书推荐

【历史现场】

《中国近代史》，蒋廷黻 著

《激荡的中国》，蒋梦麟 著

《1911，一个帝国的光荣革命》，叶曙明 著

《1919，一个国家的青春记忆》，叶曙明 著

《山河国运：近代中国的地方博弈》，叶曙明 著

《千古大变局》，曾纪鑫 著

《喋血枭雄：改变历史的民国大案》，张耀杰 著

《沈志华演讲录》，沈志华 著

《周恩来在巴黎》，[日] 小仓和夫 著，王冬 译

《生命的奋进》，梁漱溟 熊十力 唐君毅 徐复观 牟宗三 著

《高秉涵回忆录》，高秉涵 口述，张慧敏 孔立文 撰写

《人间世：我们时代的精神状况》，余世存 著

《危机与转机：清末民初的道德、政治与知识人》，段炼 著

【历史与考古】

《中国史通论》，[日] 内藤湖南 著，夏应元 钱婉约 等译

《历史的瞬间》，陶晋生 著

《玄奘西游记》，朱偰 著

《瓷器与浙江》，陈万里 著

《中国瓷器谈》，陈万里 著

【钱家档案】

《楼廊闲话》，钱胡美琦 著

《钱穆家庭档案》，钱行 钱辉 编

《温情与敬意》，钱行 著

《两代弦歌三春晖》，钱辉 著

【饮食文化】

《中国食谱》，杨步伟 著，柳建树 秦甦 译

《故乡之食》，刘震慰 著

《南北风味》，王稼句 选编

《南北风味二集》，王稼句 选编

【怀旧时光】

《北平风物》，陈鸿年 著

《北平往事》，王稼句 选编

《人间花木》，周瘦鹃 著，王稼句 编

《把每一个朴素的日子都过成良辰》，晏屏 著

《读史早知今日事》，段炼 著

《念楼书简》，锺叔河 著，夏春锦 禾塘 周音莹 编

【书话书影】

《书世界·第一集》，Bookman 主编

《鲁迅书衣录》，刘运峰 编著

《中国访书记》，[日] 内藤湖南 等著

《蒐书记》，辛德勇 著

《学人书影初集》（经部），辛德勇 编著

《学人书影二集》（史部），辛德勇 编著

《学人书影三集》（子部），辛德勇 编著

《学人书影四集》（集部），辛德勇 编著

【JNB 笔记书】

《红楼群芳》，[清] 改琦 绘

《北京记忆》，[美] 赫伯特·怀特 摄影

《鲁迅写诗》，鲁迅 著

《胡适写字》，胡适 著

【长河文丛】

《旅食与文化》,汪曾祺 著

《往事和近事》,葛剑雄 著

《大师课徒》,魏邦良 著

《书山寻路》,魏英杰 著

《旧梦重温时》,李辉 著

《四时读书乐》,王稼句 著

《汉代的星空》,孟祥才 著

《从陈桥到厓山》,虞云国 著

《寂寞和温暖》,汪曾祺 著

《城南客话》,汪曾祺 著

《天人之际》,葛剑雄 著

《古今之变》,葛剑雄 著

【大观丛书】

《活在古代不容易》,史杰鹏 著

《快刀文章可下酒》,邝海炎 著

《时光的盛宴:经典电影新发现》,谢宗玉 著

《你不知道的日本》,万景路 著

《私家地理课》,赵柏田 著

《壮丽余光中》,李元洛 黄维樑 著

《一心惟尔:生涯散蠹鱼笔记》,傅月庵 著

《悦读者:乐在书中的人生》,祝新宇 著

《民国学风》,刘克敌 著

《大师风雅》,黄维樑 著

【历史地理】

《中国历史地理·第一辑》，辛德勇 主编

《史地覃思》，陈桥驿 著，范今朝 周复来 编

《山海圭识》，钮仲勋 著，钮海燕 编

《山河在兹》，张修桂 著，杨霄 编